안식의 영성

안식의 영성

지은이 | 강준민
초판 발행 | 2018. 08. 14
3쇄 발행 | 2018. 12. 26.
등록번호 | 제1988-000080호
등록된 곳 | 서울특별시 용산구 서빙고로65길 38
발행처 | 사단법인 두란노서원
영업부 | 2078-3352   FAX | 080-749-3705
출판부 | 2078-3331

책값은 뒤표지에 있습니다.
ISBN 978-89-531-3213-9 03230

독자의 의견을 기다립니다.
tpress@duranno.com   www.duranno.com

두란노서원은 바울 사도가 3차 전도여행 때 에베소에서 성령 받은 제자들을 따로 세워 하나님의 말씀으로 양육하던 장소입니다. 사도행전 19장 8-20절의 정신에 따라 첫째 목회자를 돕는 사역과 평신도를 훈련시키는 사역, 둘째 세계선교(TIM)와 문서선교(단행본·잡지) 사역, 셋째 예수문화 및 경배와 찬양 사역, 그리고 가정·상담 사역 등을 감당하고 있습니다. 1980년 12월 22일에 창립된 두란노서원은 주님 오실 때까지 이 사역들을 계속할 것입니다.

친밀한 사귐과
풍성함을 누리는
비결

안식의 영성

강준민 지음

두란노

contents

서문 6

1부
하나님께 배우는 안식

1. 안식과 배움으로의 초대 14

안식과 배움으로 초대하시는 예수님 ◦ 안식의 삶으로의 초청 ◦ 배움의 삶으로의 초청 ◦ 안식을 통해 예배와 축제의 삶으로 ◦ 안식과 배움으로 미래를 준비하라

2. 안식과 잠시 멈춤 38

창조를 마치고 안식하신 하나님 ◦ 창조의 목적 ◦ 천지를 창조하신 삼위일체 하나님 ◦ 복되고 거룩한 안식일 ◦ 안식일을 즐거워하시는 삼위일체 하나님 ◦ 참된 안식을 회복하신 예수님

3. 안식과 예배 62

과속(過速)을 멈추고 안식하라 ◦ 안식을 누릴 수 있는 예배 ◦ 쉼을 허락하지 않는 시스템에 대한 저항 ◦ 구속의 안식과 창조의 안식 ◦ 거룩한 사귐 속으로

4. 안식과 은혜 82

하나님의 은혜로 주어지는 선물 ◦ 하나님의 창조를 통해 얻는 안식 ◦ 구속의 은혜를 기억하라 ◦ 예수님이 주시는 구속의 은혜

2부
우리에게 허락된 안식의 시간을 누리는 법

5. 안식과 재충전 106

우리의 필요를 아시는 하나님 ◦ 영적으로 침체됨 ◦ 재충전에도 지혜가 필요하다 ◦ 재충전을 통해 회복시키시는 하나님 ◦ 정기적인 안식은 재충전을 하게 한다

6. 안식과 피난처 133

인생의 폭풍이 불 때 ◦ 하나님을 피난처로 삼은 사람 ◦ 우리의 피난처, 예수 그리스도 ◦ 탁월하신 예수님 안에서 안식하라

7. 안식과 염려 내려놓기 159

염려도 안식하라 ◦ 염려할 수밖에 없는 존재 ◦ 염려의 실체를 파악하라 ◦ 염려를 극복하는 지혜 ◦ 그리스도의 말씀 안에서

8. 안식과 내어맡김 188

무거운 짐을 내려놓으라 ◦ 우리가 사랑하는 것으로 시험하시는 하나님 ◦ 집착을 내려놓음 ◦ 빈손에 가득 채워지는 하나님의 복 ◦ 십자가의 내어주심

9. 안식과 거룩한 즐거움 214

안식의 날에는 즐거워하라 ◦ 하나님 앞에서 즐거워하는 것 ◦ 거룩한 놀이로 하나님을 즐거워하라 ◦ 거듭난 영혼의 새로운 놀이

10. 안식 안으로 들어가라 241

하나님의 안식 안으로 ◦ 안식의 시간 속으로 들어가라 ◦ 안식의 장소 안으로 들어가라 ◦ 예수님을 앎과 안식의 관계 ◦ 안식을 주시는 예수님의 은혜

서문

안식의 영성은 안식을 추구하는 영성입니다. 하나님의 안식 안으로 들어가는 영성입니다. 안식은 하나님의 원리입니다. 하나님은 창조의 일을 마치고 안식하셨습니다. 하나님은 전능하시며 결코 피곤치 않으시고 곤비치 않으십니다(사 40:28). 하나님은 무력감을 느끼시거나, 스트레스를 받는 분이 아닙니다. 그런데 이런 하나님이 친히 안식하셨습니다. 일곱째 날에 하시던 모든 일을 그치고 친히 안식하셨습니다(창 2:2). 하나님이 안식하신 것을 보면 안식 속에 비밀이 담겨 있습니다. 안식 속에 우리 삶을 풍성케 하는 원리가 담겨 있습니다.

안식은 하나님의 아이디어입니다. 안식은 하나님의 지혜요, 하나님의 선물입니다. 하지만 우리는 안식을 선물로 여기기보다 짐으로 여깁니다. 안식을 귀찮게 여깁니다. 안식을 하나님이 우리를 괴롭게 하기 위해 정한 법으로 여깁니다.

안식은 우리의 행복을 위해 하나님이 정하신 원리입니다. 하나님은 사람만 안식하도록 명하신 것이 아니라 땅도 정기적으로 안식하도록 배려할 것을 명하셨습니다(레 25:4). 또한 가축에게도 안식할 수 있도록 배려하라고 명하셨습니다(출 20:10).

하나님은 안식이 없는 인간은 결코 행복할 수 없음을 아십니다. 우리는 대부분 지쳐있습니다. 많이 피곤합니다. 이유를 잘 알지 못한 채 그냥 짜증이 나 있습니다. 에너지가 고갈되었습니다. 탈진상태입니다. 의욕을 상실한 채 절망 속에 조용히 살아갑니다. 혼돈스럽고, 두렵고, 또한 화가 납니다. 어디론가 잠시 도망갈 수 있다면 그리하고 싶은 마음입니다. 삶의 짐은 무겁고, 살아가야 할 삶의 현장은 전쟁터 같습니다. 그래서 우리의 행복도는 바닥을 치고 있습니다. 우리가 성공과 성과에 집착하는 동안 참된 행복을 포기하고 만 것입니다.

안식은 풍성한 생명을 누리는 길입니다. 안식은 천상의 기쁨과 성스러운 행복을 누리는 길입니다. 안식은 아름다운 관계를 형성하는 비결입니다. 안식으로의 초대는 쉼으로의 초대이면서 교제로의 초대입니다.

안식은 우리의 정체성을 분명히 깨닫는 데서 시작됩니다. 종에게는 안식이 없습니다. 바로 왕의 학대를 받던 히브리 노예들에게는 안식이 없었습니다. 하나님은 그들을 바로의 손에서 건져 내어 하나님의 자녀로 삼으셨습니다. 그리고 40년 동안 안식을 경험케 하셨습니다. 하나님의 자녀에게는 풍부한 안식이 있습니다.

우리는 성과지향적인 사회 속에 살고 있습니다. 성과를 위해 스스로를 착취합니다. 그러다 보니 우리는 언제부터인가 놀이하는 것을 잊었습니다. 한결같이 "더 많이, 더 크게, 더 빨리"를 외치며 살아갑니다. 이는 바로가 히브리 노예들에게 외쳤던 소리와 같습니다. 바로가 만든 시스템입니다. 우리는 바로가 만든 시스템에 저항해야 합니다.

안식은 잠시 멈춤이며 돌아봄입니다. 하나님은 잠시 멈춤을 통해 안식하시고, 창조하신 작품들을 돌아보셨습니다. 주일의 안식은 지난 한 주간을 돌아보며 하나님이 이루신 일을 즐거워하는 것입니다. 안식은 누림입니다. 누림이 있을 때 행복을 경험하게 됩니다. 누리기 위해서는 안식의 시간이 필요합니다. 안식은 나눔입니다. 사랑을 나누고, 음식을 나누고, 말씀을 나누고, 삶을 나누는 시간입니다.

안식은 예배입니다. 안식은 하나님을 바라보며 하나님께 예배하는 것입니다. 인간은 하나님을 앙망하며 예배할 때 참된 영혼의 만족을 누리게 됩니다. 예배를 통해 새 힘을 얻게 됩니다(사 40:31). 안식은 재충전의 시간입니다. 공급받지 않은 채 계속 일을 하게 되면 에너지가 고갈되고 맙니다. 우리는 외부에서 공급을 받아 살아가는 존재입니다. 육으로는 산소와 음식을 공급받아야 하고 영적으로는 하나님의 말씀과 하나님의 사랑과 하나님의 능력을 공급 받아야 합니다.

안식은 지혜에 이르는 길입니다. 안식은 여백입니다. 여백이 여유를 주고, 여백이 놀라운 아이디어를 얻게 합니다. 여백이 영감을 얻도록 도와줍니다. 안식은 미래를 위한 준비입니다. 쉬지 않고 도끼질을 하는 나무꾼은 지혜롭지 않습니다. 지혜로운 나무꾼은 쉬면서 이따금 도끼날을 갑니다. 안식은 자신을 쇄신(刷新)하는 시간입니다.

예수님은 우리를 안식의 삶으로 초대합니다.

> 수고하고 무거운 짐 진 자들아 다 내게로 오라 내가 너희를 쉬게 하리라 마 11:28

우리는 하나님의 품에 안길 때 안식할 수 있습니다. 안식하는 법도 배워야 합니다. 가장 무거운 짐은 죄의 짐입니다. 우리는 우리의 모든 죄를 용서하시기 위해 대신 십자가를 지신 주님의 은혜 안에서 안식해야 합니다. 스스로의 노력으로 해결할 수 없는 죄 문제를 스스로 해결하려는 것처럼 무거운 짐은 없습니다.

안식은 맡김이며 내려놓음입니다. 하나님 앞에 우리 무거운 짐을 내려놓는 것입니다. 안식은 기다림입니다. 하나님의 때를 기다리는 것입니다. 가장 적합한 때를 위해 조용히 기다리는 것이 안식입니다.

예수님은 우리를 우리를 안식과 함께 배움의 삶으로 초대합니다.

> 나는 마음이 온유하고 겸손하니 나의 멍에를 메고 내게 배우라
> 그리하면 너희 마음이 쉼을 얻으리니 마 11:29

안식을 통해 우리는 예수님의 성품과 지혜를 배우게 됩니다. 우리는 배움을 통해 진정한 안식에 들어가게 됩니다. 배움은 무지의 노예로부터 우리를 자유케 합니다. 진리를 알 때 진리가 우리를 자유케 합니다(요 8:32). 배움은 미래를 위한 준비입니다. 잘 준비된 사람은 안식할 수 있습니다. 배움 가운데 최상의 배움은 하나님을 아는 배움입니다. 하나님을 아는 배움은 이론적인 배움이 아니라 경험적인 친밀한 배움입니다. 안식을 통해 우리는 하나님을 알고, 하나님의 은혜 안에서 자라게 됩니다(벧후 3:18).

이 책은 안식이 필요한 분들을 위한 것입니다. 안식의 참된 의미를 배우기 원하는 분들을 위한 책입니다. 안식과 배움의 관계를 배우기 원하는 분들을 위한 책입니다. 빠른 변화의 속도 때문에 불안해하는 분들을 위한 책입니다. 사람들의 인정에 집착함으로 안식을 누리지 못하는 분들을 위한 책입니다. 스스로 자신을 착취하면서 더 많은 성과를 빨리 내야 한다는 압박감 속에 사는 분들을 위한 책입니다. 하나님께 무거운 짐을 내려놓는 법을 배우기 원하는 분들을 위한 책입니다.

이 책을 출판하도록 아름답게 섬겨 주신 두란노 가족들에게 감사드립니다. 제 글을 아껴 읽어 주시는 모든 분들에게 감사드립니다. 특별히 글을 쓸 때마다 영감을 주시는 하나님께 모든 영광을 올려 드립니다.

로스앤젤레스에서 강준민 드림

1부 하나님께 배우는 안식

安息

1

안식과 배움으로의 초대

마 11:28-29

안식과 배움으로 초대하시는 예수님

예수님은 우리를 안식과 배움의 삶으로 초청하십니다. 우리가 해야 할 일은 그 초청에 응하는 것입니다.

> 수고하고 무거운 짐 진 자들아 다 내게로 오라 내가 너희를 쉬게 하리라 나는 마음이 온유하고 겸손하니 나의 멍에를 메고 내게 배우라 그리하면 너희 마음이 쉼을 얻으리니 마 11:28-29

예수님은 무거운 짐 진 자들을 초청하십니다. "내게로 오라 내가 너희를 쉬게 하리라"고 하십니다. 사람들은 무거운 짐을 지고 피곤한 삶을 살아갑니다. 《피로사회》라는 책의 저자인 한병철 교수는 우리가 살고 있는 사회를 피로사회라고 말합니다. 그는 인간이 성과를 만드는 기계로 전락하고 있다고 말합니다. 과도한 성과에 집착하는 것은 영혼을 병들게 한다고 강조합니다.

> 과도한 성과의 향상은 영혼의 경색으로 귀결된다.[1]

영혼의 경색이라는 표현이 놀랍습니다. 우리는 뇌경색이 얼마나 위험한 병인지 압니다. 뇌에 혈액을 보내는 동맥이 막혀 혈액

---

1 한병철, 《피로사회》, 문학과지성사, 2012, 66쪽.

이 흐르지 못하게 됨으로 생기는 병입니다. 흐름이 막혀 버린 것을 의미합니다. 잘못되면 죽음에 이르게 됩니다. 영혼의 경색은 영혼의 흐름이 단절되어 버린 것입니다. 그래서 저자는 피로를 폭력이라고까지 말합니다.

> 피로는 폭력이다. 그것은 모든 공동체, 모든 공동의 삶, 모든 친밀함을, 심지어 언어 자체마저 파괴하기 때문이다.[2]

예수님은 무거운 짐 때문에 직면하는 피곤의 위험을 아십니다. 피곤하면 거칠어집니다. 짜증이 납니다. 쉽게 화가 납니다. 그래서 예수님은 우리를 안식으로 초대합니다. 피곤이 주는 역설이 있습니다. 피곤이 깊어질 때 우리는 비로소 안식을 주시는 예수님을 찾게 됩니다. 예수님께 나아가게 됩니다. 예수님은 우리를 안식의 삶으로 초청하시면서 또한 배움의 삶으로 초청하십니다.

하나님은 진리의 하나님이십니다. 하나님은 진리의 본체이십니다. 하나님은 우리에게 진리를 주시고, 그 진리를 배우기 원하십니다. 안식과 배움은 함께 갑니다. 우리는 성공과 성취는 강조하지만 안식은 강조하지 않는 문화 속에 살고 있습니다. 어쩌면 현대인은 애굽에서 바로의 통치 아래 살았던 히브리 노예와 같은 삶을 살고 있는지도 모릅니다.

---

2 한병철, 앞의 책, 67쪽.

바로는 히브리 백성을 노예로 삼았을 때 혹독한 노동의 짐을 부과했지만 안식은 제공하지 않았습니다. 바로의 압제 아래 살았던 히브리 백성은 쉼 없이 일하는 노예들이었습니다. 바로는 안식뿐 아니라 배움을 제공하지도 않았습니다. 히브리 노예들은 고통이 깊어졌을 때 하나님께 부르짖었습니다. 그들 스스로 감당할 수 없을 정도의 무거운 짐을 느꼈을 때 하나님을 찾았습니다.

하나님은 모세를 통해 그들을 바로의 손에서 건져 내셨습니다. 모세가 하나님의 백성들을 바로의 손에서 건져냈을 때 광야 40년 동안 안식과 배움을 제공했습니다. 모세는 바로와는 전혀 다른 공동체를 세움으로써 히브리 노예를 탁월한 하나님의 백성으로 교육했습니다. 그리함으로 가나안 땅에 들어가는 준비를 시켰습니다.

미래를 준비하는 데 안식과 배움은 아주 중요한 일입니다. 모세보다 위대하시고 탁월하신 우리 주님께서 우리를 안식과 배움으로 초청하십니다. 예수님은 안식일의 주인이십니다. 예수님은 진리의 본체, 곧 배움의 본체이십니다. 바로 그 예수님이 우리를 안식과 배움의 삶으로 초청하십니다.

안식의 삶으로의 초청

예수님의 초청은 안식의 복음에로의 초청입니다. 은혜로의 초청입니다. 율법은 우리가 모든 것을 행해야 합니다. 하지만 복음은 예수님이 모든 것을 대신 행해 주시는 것입니다. 그것은 은혜로 주어집니다. 복음은 하나님이 모든 것을 다 행하셨으니 그 은혜를 받기만 하는 되는 것입니다. 이미 족하다는 것입니다.

예수님은 우리의 무거운 짐을 아십니다

우리는 수고하고 무거운 짐을 진 채로 살아갑니다. 이 땅에 사는 동안 누구나 어느 정도 수고하고 무거운 짐을 지며 살아갑니다. 산다는 것은 힘든 것입니다. 무거운 짐입니다. 책임감도 무겁습니다. 사람들은 피곤합니다. 지쳐 있습니다. 우리가 직면한 문제들, 인간관계의 갈등, 마음의 고통이 모두 무거운 짐이 될 수 있습니다. 자녀를 잘 키워야 하는 부모로서의 책임감도 무거운 짐입니다.

육체적인 것보다 더 무거운 짐은 마음의 짐입니다. 율법의 짐은 무겁습니다. 죄의 짐도 무겁습니다. 죄책감, 형벌에 대한 두려움, 저주와 진노에 대한 두려움은 무거운 짐이 됩니다.

> 죄는 가장 비참하게 만들고 치명적으로 만들 뿐만 아니라 가장 악하고 괴이한 것입니다. 죄는 가장 무섭게 죽이는 독입니다. 무엇보다 죄는 생명을 저해하고, 영혼을 위태롭게 하여 모든 행복을 상실케 만들며, 그리고 모든 비참을 당하게 만들고, 결국 하나님의 진노

를 불러 옵니다.³

《천로역정》에서 크리스천이 무거운 짐을 지고 순례의 길을 떠납니다. 그 무거운 짐은 십자가에 이를 때에 떨어져 나갑니다. 죄 짐이 가장 무거운 짐입니다. 그 짐은 예수님을 통해서만 가벼워집니다.

안식은 무거운 짐을 맡기고 쉬는 것입니다

다 내게로 오라 내가 너희를 쉬게 하리라 마 11:28b

우리의 짐을 가볍게 해 줄 수 있는 사람들은 많지 않습니다. 우리에게 쉼을 줄 수 있는 사람들은 많지 않습니다. 우리가 만나는 대부분의 사람들은 그 나름대로의 짐이 있습니다. 그리고 그 짐은 크고 무겁게만 느껴집니다. 누구든지 자기의 짐은 크게 보이고 무겁게 느껴지는 법입니다. 우리의 짐을 맡기려고 갔다가 오히려 그 사람의 짐까지 덤으로 받아올 수도 있습니다. 하지만 예수님은 그렇지 않습니다. 예수님은 참으로 우리의 무거운 짐을 가볍게 해 주실 수 있는 분입니다. 안식을 제공해 주실 수 있는 분입니다.

예수님은 우리에게 쉼을 주실 수 있는 분입니다. 예수님은 능

---

3 조나단 에드워즈,《그리스도를 아는 지식》, 지평서원, 2001, 249쪽.

력이 무한하십니다. 지혜가 무한하십니다. 우리의 짐을 대신 감당하실 수 있는 능력이 있습니다. 문제를 해결하실 수 있는 지혜가 있습니다. 우리에게 짐을 감당할 수 있는 능력을 부어 주실 수 있습니다. 우리의 무거운 짐을 함께 감당해 줄 수 있는 이들을 만나도록 도와주십니다. 생명의 능력을 부어 주심으로 우리가 무거운 짐을 능히 감당할 수 있게 도와주십니다.

안식은 쉬는 것입니다. 그렇다면 쉼은 무엇을 의미할까요? 쉰다는 것이 무엇이기에 쉼이 안식을 주는 것일까요?

첫째, 하나님을 신뢰할 때 쉴 수 있습니다. 우리가 쉬지 못하는 것은 염려 때문입니다. 쉬면 살 수 없을 것이라는 염려 때문에 쉬지 못합니다. 쉬지 못함은 불신앙입니다. 우리가 안식의 날을 지키지 못함은 우리의 필요한 것을 채우시는 하나님을 신뢰하지 못하기 때문입니다. 하나님이 명하신 대로 안식하면 그날에 필요한 것을 채우시리라는 약속의 말씀을 신뢰하지 못하기 때문입니다. 오직 하나님을 신뢰할 때만 쉼이 가능합니다.

하나님은 우리의 아버지이십니다. 아버지는 자녀의 생애를 책임지십니다. 필요한 것을 공급하십니다. 우리의 필요를 채우시는 분이 하나님 아버지이십니다.

> 나의 하나님이 그리스도 예수 안에서 영광 가운데 그 풍성한 대로 너희 모든 쓸 것을 채우시리라 빌 4:19

하나님은 우리의 모든 쓸 것을 채워 주십니다. 하나님은 풍성하십니다. 하나님은 우리가 필요한 모든 것을 다 가지고 계십니다. 우리가 노력함으로 얻을 수 없는 것까지 가지고 계십니다. 우리가 노력함으로 해결할 수 없는 것까지 해결해 주시는 분입니다. 하나님 아버지가 일주일 중에 하루를 쉬라 명하신 것은 노력으로만 살지 말고 믿음으로 살라는 뜻입니다. 우리가 예수님을 믿고 의롭다 하심을 얻은 후에는 오직 믿음으로 살아야 합니다. 그때 가장 놀라운 역사를 이룰 수 있습니다.

믿음으로 산다는 것은 하나님을 신뢰하는 것입니다. 온전한 신뢰가 온전한 안식을 제공해 줍니다.

둘째, 하나님께 무거운 짐을 맡길 때 쉴 수 있습니다. 쉬기 위해서는 먼저 무거운 짐을 내려놓아야 합니다. 무거운 짐을 지고 가는 지게꾼이 쉬기 위해서는 짐을 먼저 내려놓아야 하듯 말입니다. 무거운 짐을 지고는 쉴 수 없습니다. 그렇다면 무엇을 내려놓아야 할까요? 죄 짐을 내려놓아야 합니다. 예수님이 이 땅에 오신 것은 우리의 죄 짐을 담당하시기 위함입니다. 우리가 감당할 수 없는 죄 짐을 대신 담당해 주시기 위해 오셨습니다.

죄 짐과 함께 여러 가지 무거운 짐들을 내려놓으십시오. 집착을 내려놓으십시오. 집착은 무거운 짐입니다. 욕심을 내려놓으십시오. 질투도 내려놓으십시오. 미움도 내려놓으십시오. 상처도 내려놓으십시오. 아픔도 내려놓으십시오. 복수하고 싶은 마음도 내려놓으십시오. 원수 갚는 것도 내려놓으십시오.

내려놓으면 평안이 찾아옵니다. 내려놓으면 가벼워집니다. 원수를 갚겠다고 원수에게 집착하면 우리 인생은 비참해집니다. 그래서 하나님은 오히려 원수를 축복함으로 하나님께 맡기라고 하십니다. 원수에게 선을 행함으로 하나님께 맡기라고 하십니다. 그러면 나머지 일은 하나님이 책임져 주시겠다고 말씀하십니다(롬 12:19-20).

하나님은 우리가 맡긴 것만 책임져 주십니다. 하나님께 맡기지 않은 것은 우리가 책임을 져야 합니다. 하나님께 우리의 길을 맡기면 하나님이 인도해 주십니다.

안식의 날에 우리가 할 일은 우리가 붙잡고 씨름하던 것을 하나님께 맡기는 것입니다. 가장 안전하게 맡아 주실 분에게 맡기는 것입니다. 우리의 자녀도, 우리의 가정도, 우리의 교회도, 우리의 생명까지도 맡기는 것입니다.

셋째, 하나님 앞에 잠잠히 기다릴 때 쉴 수 있습니다. 하나님 앞에서 기다릴 줄 아는 사람은 지혜로운 사람입니다. 그냥 잠잠히 기다리는 것이 아니라 하나님 앞에서 기다리는 것입니다. 기다림은 하나님께 우리의 염려와 관심과 일을 대신 맡기는 것입니다. 우리가 마음이 조급하여 일하면 우리가 일하는 것에서 그치지만, 우리가 하나님 앞에서 기다리면 하나님이 일하십니다. 하나님은 우리에게 잠잠히 참고 기다리라 말씀하십니다.

> 여호와 앞에 잠잠하고 참고 기다리라 자기 길이 형통하며 악한
> 꾀를 이루는 자 때문에 불평하지 말지어다 시 37:7

요셉은 보디발의 아내의 악한 꾀 때문에 2년 동안 감옥에 갇히게 됩니다. 거기서 그는 잠잠히 참고 기다립니다. 그 기간 동안 하나님은 놀라운 일을 전개하십니다. 요셉이 감옥에서 기다리는 2년 동안 하나님은 바로의 꿈을 준비하셨습니다. 7년 풍년과 7년 흉년을 준비하셨습니다. 기다리는 자는 복이 있습니다.

쉼은 결코 낭비가 아닙니다. 쉼을 통해 더욱 풍성한 삶을 누릴 수 있습니다. 그래서 하나님은 안식의 날을 지키라고 명하신 것입니다.

배움의 삶으로의 초청

배움이 쉼을 줍니다. 지식이 쉼을 줍니다. 진리가 쉼을 줍니다. 올바른 지식이 올바른 안식에 이르게 합니다. 문제를 잘 해결할 수 있는 지식을 가진 사람은 문제를 두려워하지 않습니다. 문제가 찾아와도 안식합니다. 문제를 해결할 수 있는 해결책을 알고 있기 때문입니다.

예수님이 누구신가를 배울 때
마음의 쉼을 얻게 됩니다

예수님을 아는 지식이 곧 복음입니다. 예수님을 알고 예수님을 의지하고 예수님의 품에 안길 때 우리는 안식하게 됩니다.

예수님은 우리 죄를 대신 담당해 주셨습니다.
예수님은 우리의 모든 짐을 맡길 수 있는 분입니다.
예수님은 우리를 대신해서 심판과 정죄와 진노를 받으신 분입니다.
예수님을 믿을 때 하나님의 자녀가 되어 보호와 공급을 받게 됩니다.

우리가 예수님을 선택한 것이 아니라 예수님이 우리를 선택하셨습니다. 우리가 하나님을 사랑한 것이 아니라 하나님이 우리를 사랑하셨습니다. 모든 것을 하나님께서 시작하신 것입니다. 하나님이 우리를 선택하신 까닭에 보석이 되었습니다. 우리는 죄인입니다. 하나님과 원수되었던 사람들입니다. 그런데 하나님이 우리와 같은 죄인을 하나님의 보배로 선택하셨습니다.

조나단 에드워즈(Jonathan Edwards)는 하나님의 선택의 역설을 주장합니다. 탁월해서 선택하신 것이 아니라 하나님이 그들을 선택한 다음에 탁월하게 만드셨다는 것입니다. 하나님의 선택과 하나님의 무조건적이며 무한하신 사랑을 배우고 깨닫고 확신할 때 우리는 마음의 쉼을 얻게 됩니다.

다른 사람들보다 그들에게 어떤 호감 가는 것이 보여서 그들을 선택하신 것이 아닙니다. 그들이 탁월해서 선택하신 것이 아닙니다. 하나님께서 그들을 탁월하게 만드셨습니다. 그가 그들을 선택하셨기 때문에 또한 그들이 탁월해진 것입니다. 하나님께서 그들을 선택하신 것은 그들이 거룩하다고 생각하셨기 때문이 아닙니다. 그들이 거룩하도록 하나님께서 선택하신 것입니다(엡 1:4-5).[4]

예수님의 마음을 배우고 품을 때
마음의 쉼을 얻게 됩니다

우리 마음은 늘 심각한 전쟁터입니다. 우리 마음에는 온갖 일들이 벌어집니다. 모든 것이 마음에서부터 생깁니다. 마음은 보이지 않지만 보이지 않는 마음속에서 수많은 일들이 일어납니다. 어떤 마음을 품고 사느냐에 따라 우리 인생은 달라집니다. 우리 마음에 누구를 모시고 사느냐에 따라 우리 인생이 달라집니다.

성경은 우리에게 예수님의 마음을 품으라고 권면합니다(빌 2:5) 예수님의 마음은 어떤 마음일까요? 예수님의 마음은 온유하고 겸손한 마음입니다. 예수님이 친히 그렇게 말씀하십니다.

> 나는 마음이 온유하고 겸손하니 마 11:29a

---

4 조나단 에드워즈, 앞의 책, 291쪽.

첫째, 온유한 마음은 따뜻하고 부드러운 마음입니다. 마음에도 온도가 있습니다. 차가운 마음은 위험합니다. 냉정한 마음은 위험합니다. 마음이 따뜻해야 합니다. 또한 마음이 얼마나 유연하느냐에 따라 마음의 건강 상태를 알 수 있습니다. 마음이 완악하고 완고하면 그 마음은 차가울 뿐만 아니라 경직되어 있습니다. 차가운 것은 죽어가는 것입니다. 차가운 것에는 생명이 약동하지 않습니다. 경직되어 가는 것은 죽어가는 것입니다. 부드러운 것 속에 생명이 약동합니다. 예수님은 온유한 자가 복이 있다고 말씀하십니다.

> 온유한 자는 복이 있나니 그들이 땅을 기업으로 받을 것임이요
> 마 5:5

딱딱한 것은 오래가지 않습니다. 딱딱하면 부러집니다. 유연하면 어떤 상황에서도 잘 적응합니다. 사람들은 차갑고 딱딱한 것을 싫어합니다. 따뜻하고 부드러운 것을 좋아합니다. 차가운 겨울에는 생명이 약동하지 않습니다. 하지만 따뜻한 봄이 되면 모든 생명이 약동합니다. 본회퍼(Dietrich Bonhoeffer)는 온유한 성품의 특징을 다음과 같이 설명합니다.

사람들이 책망하면, 그들은 침묵한다. 사람들이 폭력을 가하면, 그들은 참는다. 사람들이 쫓아내면, 그들은 물러난다. 불의한 일이 생

길 때, 그들은 자신들의 권리를 위해 재판하지 않으며, 세상 사람들의 주목도 받지 않는다. 그들은 자신들의 권리를 전혀 원치 않는다. 그들은 모든 권리를 오직 하나님에게 맡기려고 한다. 고대 교회의 해석에 따르면, 이것은 "보복하지 말라"는 뜻이다.
… 예수는 그들이 땅의 나라를 소유할 것이라고 말한다. 땅은 이처럼 권리와 힘이 없는 사람들에게 속한다. 지금 폭력과 불법으로 땅을 차지한 자들은 땅을 잃어버릴 것이다. 이 세상에서 땅을 포기한 자들, 십자가에 이르기까지 온유한 자들은 새로운 땅을 지배할 것이다. … 하나님의 나라가 올 때, 온유한 자들이 땅을 차지하게 될 것이다.[5]

온유한 마음은 평화롭습니다. 하지만 분노하는 마음, 복수하려는 마음, 권력을 행사하려는 마음은 평화롭지 않습니다.

둘째, 겸손한 마음은 자신을 낮추는 마음입니다. 겸손한 마음은 낮은 데 임하는 마음입니다. 탐욕을 내려놓은 마음입니다. 자족하는 마음입니다. 다른 사람을 존경하는 마음입니다. 경쟁하지 않는 마음입니다. 긴장하지 않는 마음입니다. 교만한 사람의 마음에는 안식이 없습니다. 왜냐하면 교만한 마음은 만족이 없기 때문입니다. 더 많이, 더 높은 자리를 늘 생각합니다. 더 섬김을 받고, 더 인기를 얻고 싶어 합니다. 자신을 섬겨 주지 않고, 높여 주지

---

5 디트리히 본회퍼,《나를 따르라》, 대한기독교서회, 2010, 121-122쪽.

않을 때 그 마음은 전쟁터가 됩니다. 분노와 복수심으로 가득 차게 됩니다.

낮은 곳에 있는 마음은 더 바랄 것이 없는 마음입니다. 그래서 그 마음에 평강이 흘러넘칩니다. 겸손한 마음은 오직 하나님 한 분으로 만족합니다. 사람들에게, 인생에게 기대지 않습니다. 오직 하나님을 바라며, 오직 하나님으로 만족한 까닭에 나머지는 중요하지 않습니다. 정말 중요한 것을 중요하게 여기는 까닭에 나머지는 배설물로 여깁니다.

올바른 지식을 배울 때
두려움은 사라지고 쉼을 얻게 됩니다

시편 23편 4절을 보면 사망의 골짜기를 통과한다는 말씀이 나옵니다.

> 내가 사망의 음침한 골짜기로 다닐지라도 해를 두려워하지 않을 것은 주께서 나와 함께하심이라 주의 지팡이와 막대기가 나를 안위하시나이다 시 23:4

"사망의 음침한 골짜기"는 영어 성경에 "valley of the shadow of death"라고 되어 있습니다. 사망이 아니라 사망의 그림자의 골짜기입니다. 우리는 사망의 그림자만 보고 두려워할 때가 많습니다. 하지만 그 실체를 정확하게 알면 두려움은 사라집니다. 올바른 지식을 갖고 그 지식을 확신할 때 담대하게 살 수 있습니다. 올바른 지식은 성경에 있습니다. 그 지식 속에 하나님의 약속이 있습니다.

> 진리를 알지니 진리가 너희를 자유롭게 하리라 요 8:32

시편 23편 4절에서 우리가 배우는 지식은 사망의 골짜기로 다닐 때도 하나님이 함께하신다는 사실입니다. 이것은 하나님의 약속이 담긴 지식입니다. 이것은 선한 목자와 양이 언약을 맺은 것입니다. 선한 목자는 늘 양과 함께합니다. 어떤 상황에서도 하나님이 우리와 함께하신다는 사실을 알고 믿을 때 우리는 쉼을 얻을 수 있습니다.

배움과 훈련을 통해 미래를 준비함으로
쉼을 얻게 됩니다

예수님의 멍에를 메고 배우는 것은 훈련을 의미합니다. 예수님은 목수였습니다. 그래서 친히 멍에를 만드셨습니다. 멍에를 소의 몸에 딱 맞게 만들어야 합니다. 잘 맞지 않은 멍에를 메면 오히려 힘이 들고 불편하기 때문입니다. 소가 상처를 입게 됩니다. 그래서 탁월한 목수는 멍에를 씌워 줄 소에 딱 맞게 제작해 줍니다. 여기서 "내 멍에는 쉽고"라는 말씀에서 '쉽다'라는 헬라어는

'케레스토스'입니다. 그 뜻은 '편하다, 유쾌하다, 친절하다, 잘 맞는다, 탁월하다'는 뜻입니다. 예수님의 멍에는 편합니다. 유쾌합니다. 잘 맞습니다.

이 말씀 속에 담긴 배움과 훈련의 비밀은 이러합니다. 두 마리 소가 나란히 멍에를 메고 무거운 짐을 감당합니다. 여기서 소와 송아지가 나란히 멍에를 메는 이미지를 떠올려 봅니다. 송아지는 멍에를 메고 있지만 힘을 쓸 필요가 없습니다. 소가 모든 힘을 다 쓰기 때문입니다. 사실은 쉼을 얻는 것과 같습니다. 하지만 송아지는 소와 함께 멍에를 메는 과정을 통해 미래를 준비하게 됩니다. 근육을 키우게 됩니다.

학습이란 배우고 익히는 것을 의미합니다. 새가 하늘을 나는 것을 배우고 익히는 것이 학습입니다. 배운 것을 익히는 훈련을 통해 무거운 짐을 능히 감당할 수 있는 근육을 키우게 됩니다. 짐이 무거운 것이 아니라 짐을 감당할 힘이나 근육이 부족한 것입니다. 힘과 근육만 있다면 짐은 더 이상 무거운 것이 아닙니다.

예수님의 멍에를 메고 예수님과 함께 길을 간다는 것은 예수님과 동행한다는 것을 의미합니다. 예수님과 연합한다는 것을 의미합니다. 예수님과 연합할 때 예수님으로부터 모든 것을 공급받게 됩니다. 인생의 문제는 공급의 문제입니다. 지혜와 지식과 정보와 사랑과 자원과 능력을 지속적으로 공급받게 되면 이 세상의 문제는 능히 감당할 수 있습니다. 우리가 주님과 동행하면서 주님 안에 거할 때 진정한 안식을 누릴 수 있습니다.

> 주께서 우리를 주님 자신을 위해 만드셨으니, 우리 마음은 주님 안에서 쉬기까지 쉬지 못하나이다. /성 아우구스티누스(St. Augustine)

우리 인간은 양과 같습니다. 양은 목자가 곁에 없으면 불안해합니다. 양들은 오직 목자가 함께할 때 안식할 수 있습니다. 목자의 도움 없이는 안식할 수 없습니다.

안식을 통해 예배와 축제의 삶으로

안식은 아무것도 하지 않는 것이 아닙니다. 안식은 하나님을 예배하며 즐거워하는 것입니다. 가족과 공동체가 축제의 시간을 갖습니다. 축제 속에 예배가 담겨 있습니다. 하나님은 축제하시는 하나님이십니다. 아브라함 요수아 헤셸(Abraham Joshua Heschel)은 "유대인들에게 안식일은 신부이면서 여왕"이라고 말합니다. 안식일이 시작될 때 신부가 찾아오는 것입니다. 신부가 찾아올 때 축제가 시작되고, 안식일이 끝나는 날 여왕이 떠납니다. 그러므로 신부와 여왕이 머무는 동안 향연이 베풀어집니다.

참된 안식은 신랑과 신부가 함께 만나는 즐거움입니다. 함께 교제하는 즐거움입니다. 지나온 날들을 돌아보며 하나님의 은혜에 감사하는 시간이 안식의 시간입니다. 하나님은 안식하시면서 창조하신 것들을 돌아보며 감탄하셨습니다.

> 하나님이 지으신 그 모든 것을 보시니 보시기에 심히 좋았더라
> 창 1:31a

성취한 후에 그것을 바라보며 즐거워하는 것은 아주 중요한 안식의 요소입니다. 누림이 있어야 합니다. 그 과정을 통해 우리는 재충전하는 시간을 갖게 됩니다. 예배와 축제는 경이로움에 대한 감격입니다.

> 우리들 시대의 인간은 축제의 능력을 잃어 가고 있다. 축제를 여는 대신 그는 쾌락과 질탕하게 노는 것을 택한다. … 축제는 사람에게 필요한 것 또는 사람이 우러러보는 것에 대한 존경심을 표현하는 행위이다. 축제를 벌이는 것은 더 위대한 기쁨을 함께 나누는 것이요, 영원한 드라마에 참여하는 것이다. 축제 행위는 영이시며 축복의 근원이신 하나님을 높이 기리는 데 목적이 있다. … 축제를 벌이는 것은 그분의 안 계심 속에 숨어 있는 그분의 계심을 불러내는 것이다.[6]

---

6 아브라함 요수아 헤셸, 《누가 사람이냐》, 한국기독교연구소, 2008, 149쪽.

안식은 예배와 축제를 통해 재충전하는 시간입니다. 우리 몸과 마음와 영혼은 정기적으로 충전해 주어야 합니다. 면도기를 생각해 보십시오. 면도기를 사용하지 않으면 면도기는 쉬는 것입니다. 하지만 면도기를 전기 코드에 꽂으면 쉬면서 충전을 합니다. 인간도 마찬가지입니다. 쉬는 것은 휴식하는 것입니다. 하지만 우리가 쉬면서 하나님을 예배하며 하나님의 복을 받을 때 재충전이 되는 것을 경험할 수 있습니다.

안식과 배움으로 미래를 준비하라

기회는 하나님이 주시지만, 준비는 우리가 해야 합니다. 하나님은 이스라엘 백성들을 위대한 민족으로 만드시기 위해 출애굽 시키셨습니다. 그리고 광야 40년 동안 그들을 안식하게 하셨습니다. 또한 교육을 통해 세계적인 민족으로 만드셨습니다.

애굽에서 그들은 바로의 압제 아래 살았습니다. 그곳에서는 일만 있었습니다. 오직 노동만이 있었습니다. 쉼이 없었습니다. 성과를 내지 않으면 채찍이 기다리고 있었습니다. 배움은 없었습니다. 바로는 그들 안에 있는 무한한 잠재력을 보지 않았습니다. 오직 벽돌을 만들어 내는 기계로 보았습니다. 도구로 보았습니다. 무한한 가능성을 가진 존재로 보지 않았습니다.

하지만 모세를 통해 세워진 대안 공동체는 달랐습니다. 더 이상 성과를 낼 필요가 없었습니다. 하나님이 모든 것을 공급해 주셨습니다. 모든 것이 하늘에서 임했습니다. 그들은 하나님이 공급해 주시는 것을 받아 누리면 되었습니다.

바로는 하나님을 예배하지 못하게 했습니다. 예배가 없기에 참된 축제가 없었습니다. 예배는 하나님을 찬양하는 것입니다. 하나님께 감사를 드리는 것입니다. 하나님이 주신 은혜를 칭송하는 것입니다. 찬양을 드릴 때 우리 인간은 행복합니다. 광야에서 그들은 예배했습니다. 감사를 배웠습니다. 진정한 춤과 놀이와 쉼이 있었습니다. 그리고 배움이 있었습니다. 그들 안에 있는 무한한 잠재력과 가능성이 교육을 통해 개발되기 시작했습니다. 배움을 통해 준비되었을 때 그들은 더욱 안식에 참여할 수 있었습니다.

우리는 바로 아래 살았던 히브리 노예들처럼 한때 죄와 마귀와 육신의 노예가 되어 살았던 사람들입니다. 예수님이 오셔서 우리를 자유하게 하셨습니다. 모세는 예수님의 모형이었습니다. 모세는 장차 오실 예수님의 그림자에 불과했습니다. 모세는 율법을, 예수님은 복음을 주십니다. 모세는 일시적인 안식을, 예수님은 영원한 안식을 주십니다.

모세는 히브리 노예를 위대한 민족으로 만들었습니다. 예수님은 죄의 종 되었던 우리를 하나님의 자녀와 하나님 나라의 상속자로 만드셨습니다. 모든 민족을 제자로 삼는 그리스도의 제자로 만드셨습니다. 예수님을 통해 우리는 노예 신분에서 벗어나 하나님의 자녀가 되었습니다. 하나님의 나라를 유업으로 받은 상속자가 되었습니다.

안식이 없이 산다는 것은 스스로 노예가 되어 사는 것을 의미합니다. 하나님은 우리가 노예로 사는 것을 원치 않으십니다. 하나님은 우리를 노예가 아니라 하나님의 자녀로 부르셨습니다. 또한 예수님의 신부된 교회로 삼으셨습니다.

안식으로 부르심은 놀라운 부르심입니다. 우리를 노예가 아니라 자녀로 삼으셨다는 것을 보여 줍니다. 조금 더 높은 차원을 생각할 수 있습니다. 하나님은 우리를 하나님처럼 안식하도록 부르셨다는 것입니다. 하나님이 안식하신 것처럼, 우리도 안식하라고 말씀하고 있습니다. 하나님은 우리를 하나님의 형상을 닮은 사람으로 만드셨습니다. 하나님은 우리와 친히 교제하고, 동역하기를 원하십니다.

열심히 일한다고 성공하는 것이 아닙니다. 지혜롭게 일해야 합니다. 속도도 중요하지만 속도만 가지고는 안 됩니다. 방향이 중요합니다. 조금 속도를 늦추더라도 중요한 것에 집중할 때 더욱 형통하게 됩니다. 속도가 빠르다고 승리하는 것이 아닙니다. 나무꾼이 정기적으로 도끼날을 갈듯이 우리 자신을 재충전해야 합니다.

안식의 원리 속에 풍성함의 비밀이 담겨 있습니다. 안식은 리듬을 타는 것입니다. 강약의 리듬을 타는 것입니다. 너무 강하면 부러집니다. 너무 느슨하면 힘이 없습니다. 바이올린의 현은 적당해야 합니다. 너무 강하면 현이 부러집니다. 너무 느슨하면 아름다운 소리를 낼 수 없습니다. 땅에서 풍성한 열매를 맺기 위해서는 한 번씩 씨를 뿌리지 말고 땅을 쉬게 해야 합니다. 우리의 몸도 마찬가지입니다. 정기적으로 쉬어 주지 않으면 어느 날 멈추게 됩니다. 잠시 물러나 쉬는 시간을 갖으십시오. 잠시 물러나 쉬지 않으면 영원히 쉬게 될지 모릅니다. 잠시 물러나 쉬지 않으면 아주 물러나게 될지 모릅니다. 잠시 물러나 쉴 줄 아셨던 예수님처럼 우리도 정기적으로 잠시 물러나 쉴 줄 알아야 합니다.

안식을 통해 기억할 사실은 우리가 애씀으로 얻을 수 없는 것들을 안식을 통해 얻을 수 있다는 것입니다. 친밀한 사랑, 마음의 고요함, 은혜에 대한 깨달음, 주신 축복을 누리는 것은 애씀으로 되는 것이 아닙니다. 안식을 통해 누릴 수 있습니다. 안식은 하나님을 위함이 아닙니다. 안식은 우리를 위함입니다. 속도를 늦추십시오. 안식하면 회복됩니다. 육체가 회복되고, 마음이 회복되고, 영혼이 회복됩니다. 안식을 통해 관계가 회복됩니다.

안식의 날은 쉼을 통해 힘을 얻고 또한 선한 일을 하는 것입니다. 하나님께 예배하는 것과 교제하는 것과 자비를 베푸는 일을 하는 것입니다. 부디 안식의 원리를 배워 정기적으로 안식하는 삶을 살도록 하십시오. 안식을 주시는 하나님의 품에 정기적으로 안겨 사랑을 받고, 위로를 받고, 치유를 받고, 능력을 공급받기를 바랍니다. 무엇보다 주님의 사랑 안에서 거하십시오. 어거스틴의 말처럼 인간은 주님의 사랑의 품 안에서 안식할 수 있습니다. 안식을 통해 풍성한 복을 누리기를 바랍니다.

2

안식과 잠시 멈춤

창 2:1-3

창조를 마치고 안식하신 하나님

하나님은 창조의 일을 하신 후에 안식하셨습니다. 하나님은 일과 안식의 리듬과 조화를 아름답게 이루신 분입니다.

> 천지와 만물이 다 이루어지니라 하나님이 그가 하시던 일을 일곱째 날에 마치시니 그가 하시던 모든 일을 그치고 일곱째 날에 안식하시니라 창 2:1-2

창세기 1장은 하나님의 창조 이야기입니다. 창세기 2장은 하나님이 창조의 일을 마치신 후에 안식하셨다고 말씀합니다. 여기서 "그가 하시던 모든 일을 그치고"라는 말씀은 하시던 일을 멈추신 것을 의미합니다. 안식은 '그침'이며 '멈춤'입니다. 하나님은 엿새 동안 창조의 일을 하실 때마다 잠시 멈추셨습니다. 잠시 멈추신 후에 창조물을 바라보면서 기뻐하셨습니다.

창조의 일을 하실 때마다 잠시 멈추어 기뻐하셨던 하나님이 창조의 일을 마치신 후에 하루를 정해 안식하셨습니다. 일곱째 날에 안식하신 것입니다. 그날을 안식일로 정하시고, 그날을 복 주시고, 그날을 거룩하게 하셨습니다.

창세기는 모세가 쓴 책입니다. 히브리 노예들은 애굽에서 400년을 지내는 동안에 안식이 없는 삶을 살았습니다. 날마다 일하며 살았습니다. 그런데 그들을 인도하신 하나님이 창조주이시며, 그 창조주 하나님이 일곱째 날에 안식하셨다는 사실을 배웠을 때 그들은 커다란 충격을 받았을 것입니다. 바로 그 하나님이 이스라엘 백성들을 광야에서 안식하게 하셨습니다. 그리고 그들에게 안식하도록 계명을 주셨습니다.

하나님이 십계명 가운데 네 번째 계명으로 안식일을 지키라고 명하실 때 하나님이 안식하신 것처럼 안식하라고 명하셨습니다.

> 안식일을 기억하여 거룩하게 지키라 엿새 동안은 힘써 네 모든 일을 행할 것이나 일곱째 날은 네 하나님 여호와의 안식일인즉 너나 네 아들이나 네 딸이나 네 남종이나 네 여종이나 네 가축이나 네 문안에 머무는 객이라도 아무 일도 하지 말라
>
> 출 20:8-10

이제 거룩한 상상력을 동원해서 하나님의 창조와 안식의 이야기 속으로 들어가 보겠습니다.

창조의 목적

안식은 예배와 밀접한 관련이 있습니다. 세상 사람들은 안식

이라는 말보다는 휴식, 여가라는 표현을 씁니다. 하나님의 백성에게 안식은 그냥 쉬는 것이 아닙니다. 안식하면서 안식을 주시는 하나님을 예배하는 것입니다.

하나님의 안식을 이야기하기 전에 우리는 하나님의 창조에 대해 먼저 이야기할 필요가 있습니다. 또한 모세가 어떤 의도로 이 창조의 이야기를 기록했는지 생각해야 합니다. 이는 하나님을 예배하도록 하기 위함입니다. 출애굽의 가장 중요한 목적은 백성들이 애굽을 떠나 광야에서 하나님을 예배하는 것이었습니다.

> 그 후에 모세와 아론이 바로에게 가서 이르되 이스라엘의 하나님 여호와께서 이렇게 말씀하시기를 내 백성을 보내라 그러면 그들이 광야에서 내 앞에 절기를 지킬 것이니라 하셨나이다 출 5:1

그들이 광야에서 하나님 앞에 지킨 절기란 하나님께 제사를 드리며 예배하는 것이었습니다. 그들이 광야에서 지킨 절기는 유월절과 함께 안식일이 포함되어 있었습니다. 그들은 일곱째 날에 안식했습니다. 안식의 날에 하나님을 예배했습니다. 하나님을 예배할 때 필요한 것은 찬양입니다. 노래입니다. 춤입니다. 하나님을 예배하는 중에 나누는 친교입니다. 그리고 하나님의 말씀을 듣고, 배우는 것입니다.

하나님이 모세를 통해 성경 중 다섯 권의 책, 즉 창세기, 출애굽기, 레위기, 민수기, 신명기를 기록하게 하신 이유 가운데 가장 핵심이 되는 것이 예배입니다. 그들을 창조하시고, 그들을 구속하신 하나님을 예배하기 위한 것입니다. 물론 그들이 처음 경험한 하나님은 그들을 바로의 손에서 구원한 하나님이었습니다. 나중에 그들은 하나님이 구원의 하나님이실 뿐만 아니라 창조의 하나님이심을 알게 되었습니다. 모세는 창조와 구원의 하나님을 예배하도록 오경을 기록했습니다. 창세기 1장은 바로 창조의 하나님을 노래하고 있습니다.

창세기 1장을 읽을 때 어떤 눈으로 읽으며, 어떤 자세로 읽느냐는 성경 전체를 읽는 방향을 결정짓게 합니다. 우리는 창세기를 읽을 때 '하나님이 어떻게 천지를 창조하셨느냐'에 관심을 갖고 읽을 때가 많습니다. 우리의 초점을 '하나님'이 아니라 '어떻게'에 맞출 때가 많습니다. 하나님이 '왜' 천지를 창조하셨느냐보다 '어떻게'에 관심이 많습니다.

'어떻게'에 관심을 갖게 되면 창조 방법론에 초점을 두고 창세기 1장을 읽게 됩니다. 하지만 '왜'에 관심을 갖게 되면 하나님이 창세기 1장을 기록하게 하신 이유에 초점을 맞추어 읽게 됩니다. 탁월한 여성 신학자 가운데 한 사람인 마르바 던(Marva J. Dawn)은 창세기 1장을 읽을 때 '언제, 어떻게'라는 질문보다 '왜'라는 질문이 더 중요하다고 말합니다. 만물을 만드신 하나님을 찬양하고 경배하기 위해 창세기 1장이 쓰여졌다는 것입니다. 그녀는 새가 노래할 때 '어떻게' 노래하는지를 과학자가 다 아는 것이 아니라고 말합니다. 또한 과학자가 노래할 수 있다는 역학은 아는 것처럼 보이지만, 새의 의사소통을 받아들이는 자와 이끌어내는 자에 대해서는 아직 다 이해한 것이 아니라고 말합니다.[1]

창세기 1장을 자세히 보면 이것이 창조에 관한 시이며, 노래임을 알 수 있습니다. 하나님은 모세에게 노래를 지어 이스라엘 백성들을 가르치도록 했습니다.

> 그러므로 이제 너희는 이 노래를 써서 이스라엘 자손들에게 가르쳐 그들의 입으로 부르게 하여 이 노래로 나를 위하여 이스라엘 자손들에게 증거가 되게 하라 신 31:19

모세는 노래를 짓는 사람이었습니다. 그는 하나님의 백성들이 노래를 불러 하나님을 찬양하고 경배하도록 노래를 지었던 시인이었습니다. 그는 예배 인도자였습니다. 창세기 1장에는 반복되는 말이 있습니다. 일정한 리듬이 있습니다. 마치 찬송가의 후렴처럼 일정한 문장들이 되풀이됩니다. "하나님이 이르시되", "그대로 되니라", "하나님이 보시기에 좋았더라", "저녁이 되고 아침이 되니"와 같은 문장들이 반복됩니다. 창세기 1장 31절은 노래의 절정에 이르는 듯한 느낌입니다.

---

1 마르바 던, 《창세기에서 배웠다》, IVP, 2013, 41쪽.

> 하나님이 지으신 그 모든 것을 보시니 보시기에 심히 좋았더라
> 저녁이 되고 아침이 되니 이는 여섯째 날이니라 창 1:31

마르바 던은 다음과 같이 창세기 1장의 구조를 설명하고 있습니다.

> 창세기 1장의 구조가 강조하는 것은 경배입니다. 예배의 관점에서 살펴본, 우리에게 감명을 주는 그 구조의 일차적 특성은 본문의 초점이 온통 하나님에게 맞추어져 있다는 것입니다. … 하나님(엘로힘)이라는 표현은 창세기 1:1에서 2:3에 이르기까지 서른다섯 차례나 등장합니다. 우리는 이 수가 배수임을 즉각 알아차릴 수 있습니다.[2]

7이라는 숫자는 하나님의 수입니다. 완전수입니다. 7에 5를 곱하면 35가 되는데, 이것은 창세기 1장이 일정한 구조를 가지고 쓰여졌음을 의미합니다. 특별히 하나님을 드러내고 하나님을 찬양하기 위해 쓰여진 것임에 틀림없습니다. 창세기 1장을 읽을 때 이토록 놀랍고 아름답고 공교하고 영화로운 창조물을 만드신 하나님은 어떤 분인가에 관심을 갖고 읽어야 합니다. 그리고 그 하나님을 예배해야 합니다.

창세기 1장에 나오는 하나님의 이름은 엘로힘입니다. 엘로힘은 단수가 아니라 복수입니다. 하나님은 삼위일체 하나님이십니

---

2 마르바 던, 앞의 책, IVP, 27쪽.

다. 창조의 이야기는 삼위일체 하나님이 함께 천지를 창조하신 이야기입니다. 곧 초점이 창조물보다는 창조하신 삼위일체 하나님께 맞추어져 있다는 것을 기억해야 합니다. 그것이 신구약 전체가 증언하고 있는 사실입니다.

우리는 하나님의 창조의 이야기, 즉 창조의 노래 속에서 하나님이 만드신 피조물들이 하나님을 찬양하는 것을 들을 수 있어야 합니다. 모든 창조물의 면류관인 사람은 더욱 높이 하나님을 찬양해야 합니다.

> 우리가 성경을 읽으면서 본문이 우리에게 삼위일체와 하나님의 활동에 대해 무어라 가르치는지를 물을 때, 우리는 비로소 마땅한 겸손에서 출발하여 하나님이 받으셔야 할 찬미로 끝맺게 될 것입니다.[3]

천지를 창조하신 삼위일체 하나님

우리가 하나님의 안식에 대해 깊이 이해하기 위해서는 하나님이 천지를 창조하실 때 삼위일체 하나님이 창조사역에 함께 동참하셨다는 사실을 기억해야 합니다.

---

3 마르바 던, 앞의 책, 29-30쪽.

> 하나님이 이르시되 우리의 형상을 따라 우리의 모양대로 우리가 사람을 만들고 그들로 바다의 물고기와 하늘의 새와 가축과 온 땅과 땅에 기는 모든 것을 다스리게 하자 하시고 창 1:26

하나님이 사람을 만드실 때 '우리'라는 복수를 사용하고 계심에 주목할 필요가 있습니다. 성경에 '삼위일체'라는 말은 나오지 않지만 성경 전체는 하나님이 한 분이시며, 동시에 세 위격을 가지신 분임을 분명하게 드러냅니다. 우리는 성경을 통해, 또한 사도신경을 통해 하나님이 삼위일체 하나님이심을 깨닫게 됩니다.

하나님은 유일하신 하나님입니다. 이 세상의 모든 신들과 거짓 우상들과 구별됩니다. 하나님은 전능하시고, 전지하십니다. 하나님은 무소부재하십니다. 하나님은 거룩하십니다. 하나님은 사랑이십니다. 그 유일하신 하나님이 세 위격, 곧 성부 하나님, 성자 예수님, 그리고 성령 하나님으로 역사하십니다. 성부 하나님, 성자 예수님, 성령 하나님이 같다는 것은 동질이라는 뜻입니다. 하지만 성부 하나님이 계시고, 성자 예수님이 계시고, 성령 하나님이 계십니다. 삼위일체 하나님이 창조의 일과 구속의 일을 함께하신 것을 알 수 있습니다.

삼위일체 하나님은 함께 창조의 일을 계획하시고, 실행에 옮기셨습니다. 하나님 아버지가 모든 것을 주관하시고, 예수님께 모든 창조의 일을 맡기셨습니다. 그 창조의 일을 하실 때 지혜의 영으로 함께하신 분이 성령님입니다. 예수님은 말씀으로 천지를 창조하셨습니다. 그 창조의 현장에 성령님이 함께하셨습니다(요 1:1-3).

> 땅이 혼돈하고 공허하며 흑암이 깊음 위에 있고 하나님의 영은 수면 위에 운행하시니라 하나님이 이르시되 빛이 있으라 하시니 빛이 있었고 창 1:2-3

성령님이 수면 위에 운행하신다는 것은 암탉이 병아리를 품고 있는 것과 같은 뜻입니다. 성령님이 혼돈과 공허와 흑암을 품으셨습니다. 그때 예수님이 말씀으로 천지를 창조하셨습니다. 삼위일체 하나님이 함께 하나님의 형상과 모양을 따라 사람을 만드셨습니다. 그리고 사람에게만은 하나님의 호흡을 불어 넣어 생령이 되게 하셨습니다(창 2:7).

하나님은 사람을 만드실 때 땅의 흙을 사용하셨지만, 이것은 무에서 유를 창조하신 것입니다. 본래 한 번도 존재한 적이 없는 것을 존재하게 하신 분이 하나님이십니다. 삼위일체 하나님이 천지를 창조하시고, 모든 만물을 창조하실 때 하나님의 탁월한 솜씨를 보여 주셨습니다.

하나님의 탁월함 속에 하나님의 아름다움이 담겨 있습니다. 하나님의 영광이 담겨 있습니다. 하나님은 창조를 통해 하나님의 영광을 드러내십니다. 하나님은 안식을 통해 창조물의 영광을 함께 바라보시며 즐거워하셨습니다. 우리도 안식의 날에 하나님의 탁월하심과 하나님의 아름다우심과 하나님의 영광을 보며 즐거워하길 원하십니다.

복되고 거룩한 안식일

삼위일체 하나님은 창조의 일을 마치고 함께 안식하셨습니다. 하나님은 안식일을 복되게 하셨습니다. 또한 거룩하게 하셨습니다.

> 하나님이 그 일곱째 날을 복되게 하사 거룩하게 하셨으니 이는 하나님이 그 창조하시며 만드시던 모든 일을 마치시고 그날에 안식하셨음이니라 창 2:3

하나님은 안식일을 복되게 하셨습니다

하나님은 복을 주십니다. '복되게 하다'는 단어는 히브리어로 '바락'(barak)입니다. 이 단어는 "부유하게 하다, 충만하게 하다"라는 뜻입니다. 하나님의 복은 좋은 것을 더욱 풍성하게 하고, 충만하게 한다는 것을 의미합니다. 복이 임하면 보통 이상으로 충만해지는 것입니다. 차고 넘치는 것을 의미합니다. 복은 하나님의 생명의 충만한 에너지입니다.

하나님의 복은 하나님의 충만한 생명을 의미합니다. 하나님의 충만한 생명의 흐름을 의미합니다. 하나님의 복이 임할 때 동물은 생육하고 번성하게 됩니다. 식물은 풍성한 열매를 맺게 됩니다. 하나님은 창조하신 피조물에 복을 주셨습니다.

> 하나님이 큰 바다 짐승들과 물에서 번성하여 움직이는 모든 생물을 그 종류대로, 날개 있는 모든 새를 그 종류대로 창조하시니 하나님이 보시기에 좋았더라 하나님이 그들에게 복을 주시며 이르시되 생육하고 번성하여 여러 바닷물에 충만하라 새들도 땅에 번성하라 하시니라 창 1:21-22

하나님의 복과 함께 따라오는 언어들을 보십시오. 생육, 번성, 충만이라는 단어들입니다. 하나님이 만드신 피조물은 하나님의 복이 함께할 때 생육하고 번성하게 되고 충만하게 됩니다. 하나님은 사람을 만드신 후에도 복을 주셨습니다.

> 하나님이 자기 형상 곧 하나님의 형상대로 사람을 창조하시되 남자와 여자를 창조하시고 하나님이 그들에게 복을 주시며 하나님이 그들에게 이르시되 생육하고 번성하여 땅에 충만하라, 땅을 정복하라, 바다의 물고기와 하늘의 새와 땅에 움직이는 모든 생물을 다스리라 하시니라 창 1:27-28

하나님의 복이 임할 때 사람은 생육하고, 번성하고, 땅에 충만할 수 있습니다. 하나님의 복은 사명입니다. 하나님은 복을 주신 후에 하나님이 만드신 모든 생물을 다스리라는 사명을 맡기십니다. 다스림은 함부로 대하라는 뜻이 아닙니다. 다스림은 하나님이 창조물을 아끼고 사랑하시는 것처럼 모든 생물을 돌보라는 것입니다. 키우라는 것입니다. 풍성한 열매를 맺게 하라는 것입니다. 하나님은 복을 주실 때 풍성히 주십니다. 그리하여 복의 통로가 되길 원하십니다(창 12:2).

그런데 아담과 하와가 범죄함으로 하나님의 복이 떠나갔습니다. 사탄은 그들에게 저주를 불러 왔습니다. 저주가 임하면 생명의 흐름이 단절됩니다. 모든 것이 황폐해집니다. 핍절하게 됩니다. 하나님은 모든 만물에게 복을 주시고, 사람에게 복을 주셨습니다. 그리고 안식일에 복을 주셨습니다. 한 주간의 날 가운데 안식일에 복이 임했습니다. 안식일은 복된 날입니다. 복을 받는 날입니다. 안식일에 멈추어 하나님을 바라보고 하나님을 예배하는 가운데 하나님이 주시는 풍성한 복을 받는 날입니다. 안식일에 하나님의 충만한 복을 받아 나머지 6일을 복되게 하는 것입니다.

하나님은 안식일을 거룩하게 하셨습니다

성경에서 '거룩'이라는 말은 창조 이야기의 마지막에 처음 등장했습니다 하나님은 가장 먼저 안식일을 거룩하게 하셨습니다.

하나님은 나중에 이스라엘 백성들을 거룩하게 하셨습니다. 또한 성막과 성전을 거룩하게 하셨습니다. 하나님이 약속하신 가나안 땅을 거룩하게 하셨습니다. 예루살렘 성전과 시온성을 거룩하게 하셨습니다.

유대인들이 안식일을 가장 고귀하게 여기는 까닭은 하나님이 사람과 공간을 거룩하게 하시기 전에 안식일, 즉 시간을 거룩하게 하셨다는 것입니다. '거룩'은 히브리어로 '카도쉬'입니다. '카도쉬'는 성스러움을 의미합니다. 아브라함 요수아 헤셸은 그의 책에서 안식일을 거룩하게 하신 사건에 대해 다음과 같이 기록합니다.

> 성서에서 가장 이채를 띠는 단어 가운데 하나가 바로 '카도쉬'다. '카도쉬'는 "거룩한"이라는 뜻을 지니고 있다. 그것만큼 신성의 신비와 위엄을 잘 드러내는 말도 없을 것이다. 이 세계의 역사에서 최초의 거룩한 대상은 무엇이었는가? 산이었는가? 제단이었는가? 카도쉬(거룩)라는 고귀한 단어는 창세기에서 단 한 번 사용되었다. 이 단어는 창조 이야기가 끝나는 대목에서 처음 사용되었다. "하나님께서 일곱째 날을 복되게 하시고 거룩하게 하셨다"는 말씀에서 보듯이, 이 단어가 시간에 적용되었다는 것은 실로 의미심장한 사실이다. 창조 기록 속에는 공간 속의 어떤 대상이 거룩함의 특성을 부여받았다고 언급하는 대목이 없다.[4]

---

4 아브라함 요수아 헤셸, 《안식》, 복있는사람, 2007, 51쪽.

그는 성스러운 순간, 성스러운 안식일에 대해 강조합니다. 하나님의 현존을 경험하는 시간이 거룩하며, 신비롭다는 사실을 강조합니다. 그는 영성 생활에서 중요한 것은 거룩한 순간들을 마주하는 것이라고 주장합니다. 바로 그 순간에 거룩하신 하나님과 접촉하며, 영원한 것과 접촉하게 됩니다. 그때 영원한 것의 위대함을 감지하게 됩니다.

하나님은 안식일에 복을 받고, 안식일에 거룩함과 접촉하기를 원하십니다. 거룩이란 구별하는 것입니다. 다른 날과 안식일은 구별하는 것입니다. 무엇이든 구별할 때 거룩해지며, 구별할 때 가치가 더해집니다. 다른 날과 비교할 때 안식일이 가치가 있는 것은 하나님이 그날을 거룩하게 하신 까닭입니다. 그날은 거룩하신 하나님이 안식하신 날이며, 거룩하신 하나님을 만나 교제하며, 거룩과 접촉하는 날입니다. 거룩과 접촉함으로 거룩을 경험하는 날입니다. 거룩은 하나님의 속성이며, 모든 아름다움의 원천입니다.

하나님은 안식일을 거룩하게 하시고, 거룩하신 하나님을 우리가 예배하길 원하십니다. 또한 우리도 하나님이 거룩하신 것처럼 거룩하게 만들기를 원하십니다. 그리하여 하나님의 아름다움을 우리에게 덧입혀 주기를 원하십니다. 하나님이 아름다우신 것처럼 우리도 아름다워지길 원하십니다.

안식일을 즐거워하시는 삼위일체 하나님

창세기 2장 2-3절의 안식은 사람의 안식이 아니라 하나님의 안식입니다. 사람은 연약하고 쉽게 피곤해하는 존재이기에 쉼이 필요합니다. 하지만 하나님은 능력이 한이 없으신 분입니다. 하나님은 연약하지 않으시기에 피곤을 모르십니다. 그런 까닭에 사람이 생각하는 쉼이 필요한 분이 아닙니다. 그렇다면 왜 하나님이 안식하신 것일까요?

**삼위일체 하나님은
멈추어 창조의 일을 바라보며 즐기셨습니다**

하나님 안에는 기쁨이 충만합니다. 하나님은 즐거워하길 기뻐하십니다. 기쁨은 하나님의 속성 중 하나입니다. 하나님이 안식을 통해 6일 동안 창조하신 것들을 바라보며 즐거워하셨습니다. 삼위일체 하나님이 합작해서 만드신 탁월한 작품, 아름다운 작품, 영광스런 작품을 바라보시면서 기뻐하셨습니다. 왜 멈추는 것이 중요할까요?

첫째, 멈추면 보입니다. 움직이면 보이지 않습니다. 속도를 내면 보이지 않습니다. 멈추어야 보입니다. 하나님은 멈추심으로 만드신 작품들을 바라보셨습니다. 그리고 즐거워하셨습니다.

둘째, 멈추면 자세히 보게 됩니다. 멈출 때도 너무 서둘러서는 안 됩니다. 멈추면서 만든 작품을 즐기기 위해서는 자세히 볼 수 있는 여유가 있어야 합니다. 하나님의 창조물의 아름다움과 경이로움과 그 영광은 자세히 볼수록 더욱 놀랍습니다.

셋째, 멈추어 오래 볼수록 사랑스럽습니다. 대충 보는 것과 자세히 보는 것에는 차이가 있습니다. 자세히 보는 것과 오래 보는 것은 더 큰 차이가 있습니다. 자세히 볼 뿐 아니라 오래 본다는 것은 관심을 기울인다는 것을 의미합니다. 집중한다는 것을 의미합니다. 몰입한다는 것을 의미합니다. 그때 놀라운 것을 발견하게 됩니다. 이전에 보지 못했던 것을 더욱 보게 됩니다. 오래 볼수록 더욱 많이 보게 됩니다. 시인들은 하나님의 눈을 가진 사람들입니다. 그들은 하나님의 눈으로 하나님이 만드신 자연을 오래 바라봅니다. 그리고 해, 달, 풀, 꽃, 나무, 새, 물고기, 짐승, 이슬, 그늘, 구름, 석양, 파도, 바람, 비 등 자연이 말하는 것을 받아 적습니다. 그들이 노래하는 것을 받아 적습니다. 그것이 시가 되고, 노래가 됩니다. 나태주 시인의 '풀꽃'이라는 시를 인용해 보겠습니다. 짧지만 깊은 깨달음을 주는 시입니다.

풀꽃 _ 나태주

자세히 보아야
예쁘다.

오래 보아야
사랑스럽다.

너도 그렇다.

넷째, 멈추면 들을 수 있습니다. 하나님은 멈추심으로 하나님이 만드신 창조물이 하나님을 찬양하는 것을 들으면서 기뻐하셨습니다. 하나님은 모든 피조물이 하나님의 영광을 드러내도록 만드셨습니다. 하나님을 찬양하도록 만드셨습니다. 우리가 듣지 못하는 것을 하나님은 들으십니다. 중요한 것은 멈출 때 들을 수 있다는 것입니다. 다윗은 하늘이 하나님의 영광을 선포하는 소리를 들었습니다. 서로가 서로를 향해 대화하는 소리를 들었습니다. 신비로운 소리를 들은 것입니다. 하나님의 영광을 노래하는 소리를 들은 것입니다.

> 하늘이 하나님의 영광을 선포하고 궁창이 그의 손으로 하신 일을 나타내는도다 날은 날에게 말하고 밤은 밤에게 지식을 전하니 언어도 없고 말씀도 없으며 들리는 소리도 없으나 그의 소리가 온 땅에 통하고 그의 말씀이 세상 끝까지 이르도다 하나님이 해를 위하여 하늘에 장막을 베푸셨도다 시 19:1-4

다섯째, 멈추면 즐길 수 있습니다. 하나님은 우리가 기뻐하고, 즐거워하기 원하십니다. 문제는 우리가 멈추어 즐기는 법을 배우지 못한 것입니다. 성공보다 더 어려운 것은 성공을 누리는 것이라고 말합니다. 마귀는 즐거워하는 것을 싫어합니다. 질퍽한 쾌락을 통해 신선한 즐거움과 기쁨을 누리지 못하게 합니다. 하나님이 주시는 신선한 기쁨과 거룩한 쾌락은 참으로 좋은 것입니다. 그것을 즐기기 위해서는 멈출 줄 알아야 합니다.

여섯째, 멈출 때 일에 의미를 부여할 수 있습니다. 많은 사람들이 일을 저주처럼 여기며 살아갑니다. 언제 이 일을 그만두게 될 것인지를 생각하며 삽니다. 일하면서 일의 의미를 발견하지 못하기 때문입니다. 하나님은 안식을 통해 하신 일에 의미를 부여하셨습니다. 우리도 안식함으로 우리가 하고 있는 일이 얼마나 아름다운 것인지를 깨닫게 됩니다. 마틴 루터 킹 목사님이 말한 것처럼 우리가 청소할 때 그냥 청소하는 것이 아니라 하나님이 만드신 지구의 한 부분을 청소하고 있다는 자부심을 가져야 합니다.

삼위일체 하나님은
멈추어 아름다운 친교를 즐기셨습니다

하나님은 관계 속에 기쁨을 담아 두셨습니다. 삼위일체 하나님은 공동체이십니다. 고독한 하나님이 아니십니다.[5] 삼위일체 하

---

5 데럴 존슨, 《삼위 하나님과의 사귐》, IVP, 2006, 59-60쪽.

나님은 함께 아름다운 친교를 나누십니다. 안식일에 창조하신 작품을 바라보면서 함께 아름다운 친교를 나누셨습니다. 안식의 기쁨은 교제의 기쁨입니다. 친밀한 사귐의 기쁨입니다. 안식은 아무것도 하지 않고 단순히 쉬는 것을 의미하지 않습니다. 안식의 날은 멈추어 쉬면서 아름다운 친교를 나누는 것을 의미합니다. 삼위일체 하나님은 사랑을 주고받는 분이십니다. 그리고 사랑 자체이십니다.

> 하나님은 (동시에) 사랑을 주시는 분이자, 사랑을 받으시는 분이며, 사랑 그 자체이십니다. /성 아우구스티누스

삼위일체 하나님의 사랑은 아주 친밀한 사랑입니다. 서로가 하나 되는 사랑입니다. 바로 우주의 중심에 삼위 하나님의 친밀한 사랑이 존재합니다.

하나님이 자기 백성에게 안식일을 지키라고 명하신 것은 곧 삼위일체 하나님의 친교 속으로 초대하기 위해서입니다. 이것은 정말 놀라운 축복이요, 특권입니다. 하나님이 그의 형상을 따라 인간을 만드신 것은 삼위일체 하나님께서 교제권을 넓히시기로 한 은혜로운 결정 때문입니다. 곧 인간을 삼위일체 하나님의 친교 속으로 초청하신 것입니다. 하나님이 히브리 노예였던 이스라엘 백성들을 하나님의 자녀로 삼으시고 안식하게 하신 것은 하나님

과 친교를 나누기 원하셨기 때문입니다.

삼위일체 하나님은 기쁨이 충만한 사랑입니다. 하나님은 행복을 위해 천지를 창조하셨습니다. 또한 하나님이 만드신 피조물의 행복을 위해 그들을 창조하셨습니다. 하나님의 주된 목적은 하나님과 피조물의 행복에 있습니다.

> 하나님이 전달하시는 하나님의 충만의 다른 부분은 하나님의 행복이다. 하나님의 행복은 하나님 자신을 기뻐하고 즐거워하는 것이다. 그러므로 피조물의 행복도 마찬가지다. 피조물의 행복은 하나님의 행복에 참여하는 것이며, 하나님과 하나님의 영광이 피조물의 행복의 객관적인 기초다. 피조물의 행복은 하나님을 기뻐하는 것이며, 또한 하나님은 피조물이 하나님을 기뻐하는 것에 의해 존귀하게 되시며, 높임을 받으신다. 기쁨, 즉 하나님의 영광을 기뻐하는 것이 찬양의 일부다.[6]

우리가 안식하는 이유는 하나님의 행복에 참여하기 위해서입니다. 그때 우리는 지극한 행복을 경험하게 됩니다. 우리가 지극한 행복을 경험할 때, 그것을 바라보시는 하나님은 더욱 기뻐하십니다.

---

6 조나단 에드워즈·존 파이퍼, 《하나님의 영광을 위한 하나님의 열심》, 부흥과개혁사, 2003, 228쪽.

참된 안식을 회복하신 예수님

하나님은 피조물을 만드시고 복을 주셨습니다. 또한 사람을 만드시고 복을 주셨습니다. 하지만 인간이 선악과를 따먹고 범죄함으로 복의 근원이 되시는 하나님과 단절되었습니다. 그리고 그들에게 임한 것은 저주였습니다. 저주받은 인간은 더 이상 안식을 누릴 수 없게 되었습니다. 그 순간부터 노동은 더 이상 즐거움이 아니라 저주처럼 느껴졌습니다. 사람들과의 관계는 상처와 아픔을 주는 관계로 전락(轉落)하고 말았습니다.

예수님이 이 땅에 오신 것은 저주받은 인간을 구원하기 위해서입니다. 저주를 받아 노예처럼 살아가는 그들을 구원해서 하나님의 자녀로 회복시키기 위해 오셨습니다. 하나님은 우리를 구속하시기 위해 그의 사랑하는 아들 독생자를 이 땅에 보내셔서 십자가에서 죽게 하셨습니다. 우리를 축복하시기 위해 저주를 받게 하셨습니다. 우리를 하나님의 자녀로 삼으시기 위해 친히 종의 몸을 입게 하셨습니다. 종처럼 저주를 받게 하셨습니다.

하나님은 안식일을 정하시고 그날을 거룩하게 하신 것처럼, 하나님은 성탄일을 정하시고 그날을 거룩하게 하셨습니다. 또한 예수님을 십자가에 죽고 부활하게 하심으로, 예수님이 부활하신 주일을 거룩하게 하셨습니다. 하나님이 창조의 일을 하실 때 삼위 하나님이 함께하신 것처럼 우리를 구속하신 일에도 삼위 하나님이 함께하셨습니다(갈 4:4-6).

데럴 존슨(Darrell W. Johnson)은 이 말씀을 다음과 같이 설명하고 있습니다.

> 성부는 "세상을 이처럼 사랑하사" 때가 차매 그 아들을 보내셔서 십자가에 달리게 하심으로 우리의 어리석음과 반항과 죄의 문제를 다루도록 하셨습니다(요 3:16). 성자는 구속하시고 자유케 하셔서, 우리를 참 자녀로서 우주의 중심에 존재하는 가족으로 입양하시기 위해 우리 가운데 하나가 되셨습니다. 그리고 그 가족의 참 자녀로서 우리는 영원하신 아들처럼 성령으로 충만하게 됩니다. 그리고 그 성령은 우리로 하여금 성자가 그리 하신 것처럼 "아빠(Abba)!"라고 외치게 하십니다.[7]

하나님이 우리를 친히 찾아오셨습니다. 우리와 하나 되기 위해 예수님을 보내신 것입니다. 이것은 놀라운 은혜입니다. 예수님이 십자가를 지시기 전에 드린 중보기도를 들어보십시오.

> 아버지여, 아버지께서 내 안에, 내가 아버지 안에 있는 것같이 그들도 다 하나가 되어 우리 안에 있게 하사 세상으로 아버지께서 나를 보내신 것을 믿게 하옵소서 내게 주신 영광을 내가 그들에

---

7 데럴 존슨, 앞의 책, 63쪽.

게 주었사오니 이는 우리가 하나가 된 것같이 그들도 하나가 되게 하려 함이니이다 요 17:21-22

　예수님이 십자가에 죽으시고 부활하심으로 놀라운 일을 이루셨습니다. 구약에서 창조의 안식을 지켰다면 우리는 구속의 안식을 지키는 사람들입니다. 안식의 원리와 정신은 같지만 우리는 구속의 주님이 부활하신 날을 안식의 날로 정하고 주일에 안식하고 있습니다.
　안식은 하나님의 고귀한 선물입니다. 안식은 단순히 쉬는 것만이 아닙니다. 예수님이 주신 구속의 안식을 통해 우리는 죄의 노예로부터 자유하게 되었습니다. 노예는 쉴 수 없습니다. 오직 자녀만 쉴 수 있습니다. 우리는 이제 하나님의 자녀가 되었습니다. 복음의 영광은 거기서만 끝나는 것이 아닙니다. 복음을 통해 우리는 삼위일체 하나님과 하나가 되었습니다. 삼위일체 하나님의 친교 속으로 들어가게 되었습니다. 그것은 은혜입니다. 삼위일체 하나님이 친히 우리를 찾아오셔서 손을 내미신 것입니다. 하나님의 친교 속에 우리를 포함시켜 주신 것입니다. 안식의 극치는 바로 친교에 있습니다. 하나님과 친밀한 사랑을 나누는 교제에 있습니다. 하나님의 영광을 바라보며 즐거워하는 것입니다. 하나님의 안식을 함께 누리기를 바랍니다.

3

안식과 예배

출 5:1-9

과속(過速)을 멈추고 안식하라

하나님은 안식의 하나님이십니다. 하나님은 과속을 멈추고 안식하길 원하십니다. 운전할 때 가장 위험한 것이 과속입니다. 과속은 사고로 이어집니다. 너무 빨리 달리는 것은 위험합니다. 우리가 사는 시대는 가속 시대입니다. 사전은 '가속'(加速, acceleration)을 '점점 속도를 더하는 것'이라고 설명합니다.

울리히 슈나벨(Ulrich Schnabel)은 그의 책에서 가속화 시대 속에 살고 있는 우리의 모습을 잘 묘사하고 있습니다.

> 사회학자들이 진단하듯 오늘날 우리는 '가속화 사회'에 살고 있다. 모든 게 숨 돌릴 겨를 없이 바쁘게만 돌아간다. 허덕임과 조급함은 어쩌다 겪는 일시적인 게 아니라 늘 우리의 뒤통수를 잡아채는 만성질환으로 변모했다. 성과와 업적만을 최우선으로 꼽으며, 목표를 추구하지 않는 휴식이나 아무것도 하지 않는 시간의 여유는 비생산적이고 반생산적인 인생의 낭비로 여겨진다. 이런 태도가 몰고 오는 치명적인 결과를 때가 늦어서야 비로소 의식하는 경우를 흔히 볼 수 있다.[1]

가속화를 추구한 결과는 행복이 아니라 불행입니다. 비극입니다.

---

1 울리히 슈나벨, 《아무것도 하지 않는 시간의 힘》, 가나출판사, 2016, 17쪽.

끊임없는 허덕임과 "더 빨리, 더욱 많이!" 하는 구호에 너무나 비싼 대가를 치르고 있다는 사실을! 개인의 차원에서는 심신의 모든 질병 증상이 고개를 든다. 이명, 수면장애, 식욕감퇴, 소화 장애 등으로 조짐을 보인 끝에 결국 번아웃 신드롬이라는 막장에 빠지고 만다. 이 질병은 성공을 향해 앞만 보고 달린 사람이 스트레스를 이기지 못해 겪는 일종의 유행병과 같은 것이다.[2]

하나님이 이스라엘 백성들을 애굽에서 구원하신 이유는 그들이 가속이라는 거짓의 신에 의해 고통받고 있었기 때문입니다. 바로는 스스로 가속의 신이 되어 히브리 노예들을 학대했습니다. 그들을 쉬지 못하는 동물과 기계로 만들었습니다. 더 빨리, 더 많이 벽돌을 만들라고 요구했습니다. 하나님은 그들을 바로의 손에서 건져 내어 안식하는 삶으로 인도하길 원하셨습니다. 안식하는 삶은 곧 예배하는 삶으로 연결되었습니다. 안식과 예배는 하나님의 백성을 풍성하고 충만하게 만드는 비결입니다.

안식을 누릴 수 있는 예배

하나님이 히브리 노예를 바로의 손에서 건져 내신 것은 예배

---

2 울리히 슈나벨, 앞의 책, 18쪽.

를 위해서였습니다. 하나님이 모세를 부르셨을 때 이 사실을 처음부터 분명히 밝히셨습니다. 하나님은 모세와 함께함으로써 모세가 애굽에서 히브리 백성을 인도한 후에 호렙산에서 하나님을 섬길 것이라고 말씀하십니다.

> 하나님이 이르시되 내가 반드시 너와 함께 있으리라 네가 그 백성을 애굽에서 인도하여 낸 후에 너희가 이 산에서 하나님을 섬기리니 이것이 내가 너를 보낸 증거니라 출 3:12

여기서 하나님을 섬긴다는 말은 하나님께 예배한다는 것을 의미합니다. 영어성경은 같은 구절을 "you will worship God on this mountain"(NIV)라고 표현합니다. 이외에도 '하나님을 예배한다'는 말을 '제사를 드린다'는 말로 표현하기도 하고(출 3:18), '절기를 지킨다'는 말로 표현하기도 합니다(출 5:1).

하나님이 그들을 인도하여 예배하는 중에 제사를 드리고 절기를 지키도록 하시는 것은 그들에게 안식을 주시기 위함입니다. 그들은 애굽에서 400년 동안 노예로 살면서 안식을 누리지 못했습니다. 그들을 괴롭힌 바로 왕은 가속의 신, 성과의 신, 축적의 신의 역할을 한 사람입니다. 그에게는 안식이 없었습니다. 그는 스스로를 신으로 생각했습니다. 하지만 그것은 망상에 불과했습니다. 그는 애굽의 우상을 섬겼습니다. 바로가 믿고 있던 우상 신은 안식을 모르는 신이었습니다. 그는 속도를 숭배하는 신이었습니다. 끝없이 탐욕을 부추기는 신이었습니다.

> 바로가 이르되 여호와가 누구이기에 내가 그의 목소리를 듣고 이스라엘을 보내겠느냐 나는 여호와를 알지 못하니 이스라엘을 보내지 아니하리라 그들이 이르되 히브리인의 하나님이 우리에게 나타나셨은즉 우리가 광야로 사흘길쯤 가서 우리 하나님 여호와께 제사를 드리려 하오니 가도록 허락하소서 여호와께서 전염병이나 칼로 우리를 치실까 두려워하나이다 출 5:2-3

하나님을 예배하기 위해 히브리 백성을 광야 길로 데리고 나가겠다는 모세의 말에 바로는 왜 백성의 노역을 쉬게 하느냐, 가서 너희의 노역이나 하라고 말합니다(출 5:4). 조금 더 쉽게 표현하면 "무슨 예배냐, 가서 일이나 열심히 하라"는 말입니다. 지금 백성이 많아 일을 시키기가 아주 좋은데, 왜 그들의 일을 쉽게 하느냐고 나무랍니다(출 5:5). 여기서 바로가 사용하는 '쉽게 하는도다'의 히브리 단어가 '샤바트'입니다. 곧 하나님이 안식한다고 말씀하실 때 사용했던 단어입니다. 그는 노역을 멈추고 안식하게 하는 것이 타당하지 않다고 말합니다. 제임스 브루크너(James K. Bruckner)는 이 본문의 말씀을 다음과 같이 설명합니다.

바로가 "가서 너희의 노역이나 하라 … 너희가 그들로 노역을 쉬게 하는도다"(4-5절)라고 말할 때 "노역"에 대해 "짐"(시블라)을 뜻하는 말을 사용하는데, 이것은 "강제 노동"을 가리킨다(1:11; 2:11; 5:4-5; 6:6-7). 유능한 통치자로서 바로는 생산을 방해하는 이런 전략을 원하지 않는다. 아이러니하게도 바로는 또한 "쉬다"(샤바트)라는 말을 사용했는데, 이 말은 "안식일"의 어근이다. 여호와는 이스라엘 자손에게 일곱째 날마다 일을 멈추고 "쉬라"고 명령하신 것이다.[3]

하나님은 안식하기 원하시는데, 바로는 안식하지 못하게 합니다. 바로는 예배하러 광야로 나가겠다는 히브리 백성에게 더 빨리, 더 많이 일할 것을 요구합니다. 하나님께 예배드리는 것을 게으르다고 말합니다(출 5:6-8). 바로는 안식과 예배를 금하기 위해 노동을 더욱 무겁게 합니다. 더욱 수고롭게 만듭니다. 그럴수록 이스라엘 백성들은 수고하고 무거운 짐 진 자들이 됩니다. 더 무서운 것은 바로가 히브리 노예에게 벽돌을 만드는 데 필요한 자원을 공급도 하지 않은 채 결과를 만들어 내라고 끊임없이 독촉하는 것입니다. 그러기 위해 바로의 감독들이 히브리 백성 가운데 세운 기록원들을 때립니다(출 5:10-14).

이스라엘 자손의 기록원들이 매를 맞게 되면 히브리 노예는 더욱 독촉을 받게 됩니다. 매는 매를 낳습니다. 매를 맞는 것을 견

---

[3] 제임스 브루크너, 《출애굽기》, 성서유니온, 2015, 102쪽.

디지 못한 이스라엘 자손의 기록원이 바로 왕에게 나아가서 호소합니다.

> 이스라엘 자손의 기록원들이 가서 바로에게 호소하여 이르되 왕은 어찌하여 당신의 종들에게 이같이 하시나이까 당신의 종들에게 짚을 주지 아니하고 그들이 우리에게 벽돌을 만들라 하나이다 당신의 종들이 매를 맞사오니 이는 당신의 백성의 죄니이다
> 출 5:15-16

그러나 바로는 그들이 게으르다고 말합니다(출 5:17-18). 바로는 하나님께 예배드리는 것이 게으른 일이라고 주장합니다. 안식은 낭비라고 주장합니다. 바로가 반복해서 하는 말은 "가서 일하라"는 것입니다. 반면에 예수님은 "내가 너희를 쉬게 하리라"(마 11:28), "한적한 곳에 가서 잠깐 쉬어라"(막 6:31)고 말씀하십니다.

쉼을 허락하지 않는 시스템에 대한 저항

월터 브루그만(Walter Brueggemann)은 《안식일은 저항이다》라는 책을 썼습니다. 처음 이 책의 제목을 접했을 때 잘 이해되지 않았습니다. 제 마음속에 이러한 질문을 품게 되었습니다. '안식일이

왜 저항이라는 말인가? 어떻게 저항한다는 말인가? 누구를 향한 저항이란 말인가? 무엇을 향한 저항이란 말인가?' 저의 의문과 질문은 책을 읽으면서 점차 풀렸습니다. 그는 애굽의 신들과 이방 잡신들은 주는 신들이 아니며 빼앗아 가는 신들이라고 주장합니다. 그들은 끝없이 생산만을 요구하는 신들이라고 주장합니다. 만족을 모르는 무한 생산 시스템을 고안한 신들이라고 주장합니다.

> 이집트의 신들은 몇몇 제국의 모든 잡신을 대표하는 것이다. 이런 신들이 가진 공통점은, 이들이 빼앗아 가는 신이라는 점이다. 이들은 끝없는 생산을 요구하는 원칙상 만족을 모르는 무한 생산 시스템에 권위를 부여한다.[4]

바로 왕은 이런 무한 생산 시스템의 하수인이었습니다. 바로는 만족을 모르는 사람이었습니다. 그는 끝없이 공급되는 부를 쌓기 위해 '국고 도시'를 더 많이 짓는 데 쓸 벽돌이 필요했습니다. 그는 더 많은 것을 쌓아두기 위해 더 큰 창고가 필요했습니다. 더 큰 창고를 만들기 위해서는 더 많은 벽돌이 필요합니다. 그는 무한 축적 시스템과 무한 생산 시스템을 가지고 히브리 백성을 괴롭혔습니다. 바로가 구축한 시스템 안에 안식은 없었습니다.[5]

---

4 월터 브루그만, 《안식일은 저항이다》, 복있는사람, 2015, 26-27쪽.
5 월터 브루그만, 앞의 책, 29쪽.

안식이 없이 살아가는 히브리 백성들을 구원하기 위해 하나님이 모세를 호렙산에서 만나셨습니다. 하나님이 개입하신 것입니다. 하나님은 이스라엘 백성들을 이런 착취 시스템에서 해방시키기로 결심하셨습니다. 안식일은 바로의 시스템에 대한 저항이었습니다. 또한 안식일은 하나님의 새로운 대안이었습니다. 하나님의 대안 공동체는 안식 공동체였습니다. 바로는 일 중독자였습니다. 바로가 숭배했던 신들은 일 중독자들이었습니다. 반면에 하나님은 일을 하다가 멈출 줄 아시는 분입니다. 또한 안식하시는 분입니다. 하나님은 자신이 안식하실 뿐만 아니라 그가 만드신 사람과 피조물에 안식을 제공하시는 분입니다.

바로는 왜 이토록 생산과 소유에 집착하는 것일까요? 그 이유는 불안 때문입니다. 불안이 속도를 증가시킵니다. 롤로 메이(Rollo May)가 한 "인간은 길을 잃었을 때 더 빨리 뛰어가는 유일한 동물이다"라는 말은 놀라운 통찰력을 제공합니다.

길을 잃었을 때 더 빨리 뛰는 이유는 내면의 불안 때문입니다. 지나치게 속도를 내고 있다는 것은 방향 감각을 상실했다는 뜻입니다. 가장 무서운 것은 멈출 줄 모르는 것이고, 가장 아름다운 것은 멈출 줄 아는 것입니다. 자제하고 절제할 줄 아는 것입니다. 어느 정도에서 만족할 줄 아는 것입니다.

하나님은 창조의 일을 마치셨습니다. 예수님도 십자가에서 구속의 일을 마치셨습니다. 저는 안식에 대한 말씀을 묵상하다가

'일을 마치셨다'는 구절이 마음에 깊이 와 닿았습니다.

> 하나님이 그가 하시던 일을 일곱째 날에 마치시니 그가 하시던
> 모든 일을 그치고 일곱째 날에 안식하시니라 창 2:2

하나님은 창조의 일을 마치셨습니다(God had finished the work he had been doing, NIV). "마치셨다"는 말은 영어로 "창조의 일을 끝냈다"는 의미입니다.

창조의 일을 완수하셨던 예수님은 우리를 구원하시기 위해 십자가에서 죽으셨습니다. 예수님이 십자가에서 돌아가실 때 남긴 말씀 중에 하나가 "다 이루었다"입니다(요 19:30). "다 이루었다"라는 말을 영어성경(NIV)에서는 "It is finished"로 번역했습니다.

예수님은 30세에 공생애를 시작하시고 많은 일을 하셨습니다. 하지만 모든 문제를 다 해결하려고 하지 않으셨습니다. 모든 병자를 다 고치신 것이 아닙니다. 모든 잘못된 악습을 바꾸신 것이 아닙니다. 예수님은 그가 이루셔야 할 구속의 일에 집중하셨습니다. 그리고 그 일을 완수하셨습니다. 그리함으로 우리에게 구속의 안식을 제공해 주셨습니다.

삼위일체 하나님은 멈출 줄 아는 하나님이십니다. 어느 정도에서 멈추고, 만족하시고, 자족하실 줄 압니다. 그 이유는 하나님은 평강의 하나님이시기 때문입니다. 하나님은 불안하지 않습니다.

바로는 불안한 사람이었습니다. 그 불안을 소유와 성취욕으로 해소시키려 했습니다. 하지만 그의 탐욕은 어떤 것으로도 만족시킬 수 없었습니다. 그의 불안은 가중(加重)되었고, 그 불안은 폭력으로 나타났습니다. 그 폭력이 바로 히브리 노예를 학대하는 것으로 나타났습니다. 불안하면 거칠어집니다. 불안은 폭력을 만들어 냅니다.

> 쉼이 없음의 모든 측면은 불안에서 유래하고, 또 불안을 만들어 낸다. 그리고 불안은 여러 가지 모양의 공격 행위로 이어져 결국은 폭력으로 나타난다.[6]

불안은 불안을 낳습니다. 불안은 전염됩니다. 지금 우리가 살고 있는 시대도 불안의 시대입니다. 우리의 불안은 오직 평강을 주시는 품 안에서만 해결됩니다. 하나님은 평강의 하나님입니다. 하나님은 온유하신 분입니다. 하나님은 폭력을 싫어하십니다. 평강의 하나님만이 평강을 주실 수 있습니다. 안식하는 하나님만이 안식을 주실 수 있습니다. 하나님은 불안과 폭력 속에서 고통받는 하나님의 백성을 구원하기 위해 개입하십니다.

하나님은 불안한 분이 아닙니다. 하나님은 일 중독자가 아닙니다. 하나님은 고요하신 분입니다. 평화로우신 분입니다. 쉼을

---

6 월터 브루그만, 앞의 책, 46쪽.

주시는 분입니다.

하나님은 모세를 보내어 안식이 없는 바로의 시스템에 저항하게 하십니다. 또한 모세를 통해 안식하는 공동체를 형성하게 하십니다.

> 창조주는 불안이 없으신 분이요, 만물을 점검하는 일 따위를 하지 않음으로써 당신은 불안이 없는 분이심을 온 천하에 드러내시기 때문이다. 하나님은 일 중독자가 아니시다. 하나님은 바로 같은 이가 아니시다. 하나님은 생산 일정을 들이밀며 닦달하지 않으신다. 오히려 그 반대로 하나님은 확신을 가지고, 고요히, 평화롭게 사신다. 더욱이 하나님은 피조물에게도 만물을 몰아치며 채근하는 바로 시스템과 정반대인 쉼을 베풀어 주신다.[7]

구속의 안식과 창조의 안식

하나님이 바로의 손에서 히브리 백성을 건져 내시기 위해 열 가지 재앙을 사용하십니다. 열 가지 재앙의 절정은 장자의 죽음입니다. 하나님이 장자의 죽음에 대한 재앙을 내리실 때 이스라엘 백성들을 위해서 어린양의 피를 사용하셨습니다. 어린양의 피 아래서 이스라엘 백성들은 안전했고, 안식할 수 있었습니다.

---

7 월터 브루그만, 앞의 책, 70쪽.

하나님은 흠 없는 어린양을 잡아 피를 흘려 좌우 문설주와 인방에 바르게 하셨습니다. 또한 그 고기를 불어 무교병과 쓴 나물과 더불어 먹게 하셨습니다. 어린양의 피가 있는 집은 재앙이 지나갔습니다(출 12:5-8).

어린양의 피 아래 있는 모든 집은 안전했습니다. 어린양의 피가 재앙을 막아 주었습니다. 안식을 제공해 주었습니다. 어린양의 피로 그들은 바로의 손에서 자유하게 되었습니다. 그들은 안식이 없는 학대 시스템에서 자유하게 되었습니다. 그들은 이제 하나님이 예비하신 안식 속으로 들어가게 되었습니다. 어린양 사건을 통해 대속의 은혜를 경험하게 되었습니다.

대속의 은혜란 그들을 대신해서 어린양이 죽임을 당한 것입니다. 희생을 당한 것입니다. 어린양의 피가 대신 흘려짐으로 그들의 장자가 구원을 받았습니다. 그들의 장자 대신에 어린양이 희생을 당한 것입니다. 그들이 한 것은 아무것도 없었습니다. 그저 어린양을 잡아 피를 흘려 좌우 문설주와 인방에 바른 후 하나님의 약속을 믿고 어린양의 피가 있는 집에서 안식했습니다.

어린양의 피는 축복의 피였습니다. 구속의 피였습니다. 보호의 피였습니다. 평강의 피였습니다. 피는 자유하게 하는 피였습니다. 해방을 선포하는 피였습니다. 그것이 바로 유월절이었습니다. 하나님이 광야에 나아가서 지키라고 말씀하신 절기가 바로 유월절이었습니다.

어린양의 피와 함께 히브리 백성이 받은 축복이 있었습니다. 애굽 사람들을 통해 은금 패물과 의복을 받게 된 것입니다(출 12:35-36). 그들이 애굽 사람들에게 받은 은금 패물과 의복은 노력으로 받은 것이 아닙니다. 은혜로 거저 받은 것입니다. 하나님은 어린양의 사건을 통해 거저 주시는 하나님의 은혜를 경험하게 하십니다. 이스라엘 백성들은 유월절 어린양 사건을 통해 새 출발을 하게 됩니다. 그들의 달력이 새롭게 시작됩니다(출 12:1-2).

그들은 유월절을 통해 새롭게 시작되었고, 새롭게 탄생되었습니다. 새로운 피조물이 되었습니다. 이제 히브리 노예가 아닌 하나님의 백성이 된 것입니다. 바로 왕 아래서 압제받는 노예가 아니라 왕 중의 왕이신 하나님 아래서 안식과 축복을 누리는 백성이 된 것입니다. 하나님은 그들을 하나님에 대하여 제사장 나라가 되게 하셨습니다. 거룩한 백성으로 세우셨습니다(출 19:6).

이 사건을 통해 우리는 어린양 예수님을 만나게 됩니다. 이스라엘 백성들은 어린양이 무엇을 의미하는지를 잘 알지 못한 채 그 은혜를 누렸습니다. 신약성경은 바로 그 어린양이 장차 어린양으로 오실 예수님의 모형이라는 사실을 드러냅니다.

> 너희는 누룩 없는 자인데 새 덩어리가 되기 위하여 묵은 누룩을 내버리라 우리의 유월절 양 곧 그리스도께서 희생되셨느니라
>
> 고전 5:7

예수님은 유월절 어린양으로 오셨습니다. 예수님이 십자가에 돌아가신 날은 유월절이었습니다. 예수님이 십자가에서 친히 피를 흘려 주심으로 우리는 구원을 받았습니다. 더 이상 사탄의 노예가 아니라 하나님의 자녀가 된 것입니다. 새로운 피조물이 된 것입니다(고후 5:17).

또한 우리도 왕 같은 제사장이요 거룩한 나라가 되었습니다. 하나님의 소유된 백성이 되었습니다. 하나님은 어둠에서 우리를 건져 내어 그의 기이한 빛에 들어가도록 도와주셨습니다.

> 그러나 너희는 택하신 족속이요 왕 같은 제사장들이요 거룩한 나라요 그의 소유가 된 백성이니 이는 너희를 어두운 데서 불러내어 그의 기이한 빛에 들어가게 하신 이의 아름다운 덕을 선포하게 하려 하심이라 벧전 2:9

하나님의 은혜는 거기서 끝난 것이 아닙니다. 하나님이 그리스도 예수 안에서 예비한 풍성한 복을 거저 받아 누리게 된 것입니다. 이스라엘 백성들과 우리는 먼저 구속의 하나님을 만났습니다. 그러고 나서 창조의 하나님을 만나게 됩니다. 구속의 은혜를 먼저 받은 후에 안식의 은혜를 받아 누리게 됩니다. 우리는 우리를 구속하신 예수님의 은혜를 먼저 경험한 후에 예수님이 천지를 창조하신 하나님이심을 깨닫게 됩니다.

거룩한 사귐 속으로

이스라엘 백성들은 바로의 손에서 건짐을 받은 후 거룩에 눈 뜨게 됩니다. 그들이 홍해를 건넌 후 하나님을 찬양할 때 거룩하신 하나님을 찬양합니다.

> 여호와여 신 중에 주와 같은 자가 누구니이까 주와 같이 거룩함으로 영광스러우며 찬송할 만한 위엄이 있으며 기이한 일을 행하는 자가 누구니이까 출 15:11

그들은 하나님이 거룩하시며 영광스러운 분임을 알고 있습니다. 그들은 하나님의 영광을 하나님의 거룩에서 보았습니다. 하나님의 거룩을 통해 하나님의 위엄을 보았습니다. 또한 하나님이 그들을 주의 거룩한 처소에 들어가게 하심을 노래했습니다(출 15:13).

히브리 노예들이 하나님의 백성으로 거듭난 순간 거룩에 눈뜨기 시작했습니다. 또한 하나님은 그들을 거룩한 백성으로 세우셨습니다(출 19:6).

이것이 거듭남 전후의 차이점입니다. 우리가 어린양 예수님을 믿을 때 그의 피로 거듭나게 됩니다. 새롭게 태어나게 됩니다. 새롭게 태어나는 순간 하나님은 우리를 구별하셔서 성도라 부르십니다. 그때 우리는 거룩의 아름다움과 거룩의 고요함과 거룩의 기쁨에 눈뜨기 시작합니다. 거룩한 것을 사모하고, 거룩한 것을 좋아하는 영적 감정이 우리 안에 생깁니다. 예수님을 모시는 순간 거룩한 영이신 성령님이 우리 안에 역사하시기 때문입니다.

우리가 성령님을 통해 거듭날 때 성령님은 생수의 샘으로 우리 안에 내주하시게 됩니다. 하나님의 거룩함을 부어 주시고, 성 삼위 하나님과 교제할 수 있도록 도와주십니다.

왜 하나님은 거룩함의 아름다움에 눈뜨게 해 주시는 것일까요? 왜 거룩함의 기쁨과 유쾌함과 상쾌함을 허락해 주시는 것일까요? 그것은 우리가 죄의 더러움에서 정결하게 되기를 원하시기 때문입니다.

예수님을 믿고 성령님에 의해 거듭나는 순간 우리는 영적 아름다움을 느끼는 감각을 부여받게 됩니다. 이 영적 감각은 우리가 거듭나기 전에는 우리에게 존재하지 않았던 감각입니다. 우리가 이 감각을 지각하고 사용할수록 이 영적 감각은 하나님의 거룩한 아름다움에 더욱 도취되고 그것을 갈망하게 됩니다.

> 영적 아름다움을 느끼는 감각은 우리 영혼으로 하여금 성경에 계시하는 그리스도의 영광을 볼 수 있게 해준다. 그래서 우리는 속죄의 무궁한 가치와 복음의 구원 계획의 위대함을 알게 된다. 또한 우리는 인간의 행복이 거룩함에 기초하고 있음을 보고, 그 무엇으로도 묘사할 수 없는 하늘의 영광을 느낀다. 이 모든 진리는 오로지

신령한 아름다움에 대한 영적 감각을 부여받을 때 깨달을 수 있다.[8]

시간 가운데 향기로운 시간이 있습니다. 그 시간은 성삼위 하나님 안에서 안식하고, 성삼위 하나님 안에서 교제하는 시간입니다. 안식일은 거룩합니다. 하나님이 안식일을 구별하셨기 때문입니다. 시간 가운데 그냥 흘러가는 시간이 있습니다. 헬라어로 이 시간은 '크로노스'입니다. 반면에 흘러가는 시간 가운데 하나님이 개입하시는 시간이 있습니다. 헬라어로 이 시간은 '카이로스'입니다. 카이로스는 하나님이 개입하시는 시간이요, 하나님이 임재하시는 시간입니다. 우리가 하나님과 접촉하는 시간입니다. 이 카이로스의 시간에 모든 것이 달라집니다.

이 시대를 사는 사람들은 속도의 신을 섬기고 있습니다. 지나치리만큼 새로운 것을 추구하는 신을 섬기고 있습니다. 새로운 것이 그들의 삶의 우상이 되었습니다. 그래서 늘 새로운 것만 추구하다가 쉽게 싫증을 느끼는 삶을 살고 있습니다. 쉽게 권태를 느끼는 삶을 살고 있습니다. 그것이 우리를 더욱 불행하게 만듭니다. 다양한 선택, 새로운 선택의 기회가 우리를 혼돈스럽고 불안하게 만듭니다.

새 옷, 봉급 인상, 새로 장만한 자동차 따위는 그저 잠시 동안 도파

8　조나단 에드워즈, 《영적 감정을 분별하라》, 생명의말씀사, 2001, 189-190쪽.

민 분비의 행복감을 줄 뿐이며, 이내 우리는 뭐 더 즐거운 일은 없을까 주변을 두리번거린다. … 새로움의 자극은 거역하기 힘든 게 분명하다. 오죽하면 어떤 광고든 "새롭다!" 하고 강조하며 나설까. 이처럼 소비 사회는 항상 새로운 욕구를 일깨우는 것으로 살아간다.[9]

늘 새로운 것만 추구하지 마십시오. 우리가 추구해야 할 참된 행복은 거룩함에 있습니다. 새로운 것이 항상 좋은 것은 아닙니다. 좋은 것이 좋은 것입니다. 복된 것이 좋은 것입니다. 선한 것이 좋은 것입니다. 거룩한 것이 좋은 것입니다. 아름다운 것이 좋은 것입니다. 참된 행복은 하나님의 영광과 하나님의 아름다움에 있습니다. 참된 행복은 복음의 영광 속에 담겨 있습니다.

사람들은 너무 헛된 것들을 추구하고, 쉽게 싫증을 느낍니다. 해결책은 영원하신 하나님께 나아가는 것입니다. 하나님이 주시는 참된 행복을 추구하는 것입니다. 그 참된 행복은 거룩함 속에 있습니다. 그 참된 행복은 하나님의 아름다움을 묵상하는 데 있습니다. 하나님을 즐거워하고, 하나님의 말씀 안에서 즐거워하는 데 있습니다. 하나님의 은혜와 축복 안에서 즐거워하는 데 있습니다. 우리는 주일에 하나님을 예배하면서 세상이 줄 수 없는 행복 속으로 들어갑니다. 영원한 만족 속으로 들어갑니다. 하나님이 이미 주신 것들을 누리는 즐거움 속으로 들어갑니다.

---

9 울리히 슈나벨, 앞의 책, 62-63쪽.

"더 빨리, 더 많이, 더 크게"만을 추구하는 바로 시스템에서 벗어나십시오. 과속을 주의하십시오. 가속화를 경계하십시오. 속도를 조금 늦추십시오. 안식하는 중에 하나님을 예배하십시오. 하나님을 앙망하십시오. 하나님이 주시는 은혜와 축복과 기쁨과 평강을 흡족히 받아 누리십시오. 그때 우리는 지복의 상태 속으로 들어가게 됩니다. 안식과 예배를 통해 참된 행복을 누리기를 바랍니다.

# 4

안식과 은혜

출 20:8-11

하나님의 은혜로 주어지는 선물

그리스도인들은 모든 좋은 것을 하나님의 은혜로 봅니다. 하나님의 선물로 봅니다. 이것이 바울의 신앙입니다. 바울은 모든 것을 하나님의 은혜로 보았습니다. 그는 사도가 되어 모든 사도보다 더 많이 수고하고 힘써 일한 것도 은혜로 여겼습니다(고전 15:10).

바울은 어떤 일을 하든지 그 근본을 하나님께 두었습니다. 그는 자기 힘이 아닌 하나님이 주시는 힘으로 노력했습니다. 제자를 양육할 때도 자기 지혜가 아닌 그리스도의 지혜로, 자기 힘이 아닌 하나님의 힘으로 했습니다(골 1:28-29).

안식도 하나님의 은혜입니다. 하나님이 베풀어 주시는 은혜로 안식할 수 있습니다. 안식도 선물입니다. 하나님은 엿새 동안은 힘써 일하고 일곱째 날에 안식하라고 말씀하십니다.

> 엿새 동안은 힘써 네 모든 일을 행할 것이나 일곱째 날은 네 하나님 여호와의 안식일인즉 너나 네 아들이나 네 딸이나 네 남종이나 네 여종이나 네 가축이나 네 문안에 머무는 객이라도 아무 일도 하지 말라 출 20:9-10

하나님은 엿새 동안 힘써 일한 사람에게 일곱째 날의 안식이 아름답고 복되다는 사실을 강조하십니다. 하나님은 창조의 일을 하시고 안식하셨습니다(출 20:11). 또한 하나님은 구속의 일을 하신 후에 안식일을 지키라고 명하셨습니다.

> 너는 기억하라 네가 애굽 땅에서 종이 되었더니 네 하나님 여호와가 강한 손과 편 팔로 거기서 너를 인도하여 내었나니 그러므로 네 하나님 여호와가 네게 명령하여 안식일을 지키라 하느니라
> 신 5:15

하나님의 일 가운데 가장 중요한 것은 창조의 일과 구속의 일로 축약할 수 있습니다. 하나님은 창조와 구속의 은혜를 통해 안식을 선물로 주십니다. 안식의 은혜를 깨닫기 위해서는 하나님이 우리를 위해 행하신 창조와 구속의 일의 의미를 깨달아야 합니다.

하나님의 창조를 통해 얻는 안식

하나님의 안식에 대해 알기 위해서는 창조의 일에 먼저 관심을 가져야 합니다. 왜냐하면 하나님이 창조의 일을 먼저 하신 후에 안식하셨기 때문입니다. 하나님은 하나님의 형상을 따라 사람을 지으셨습니다. 그리고 사람에게는 일을 맡기셨습니다. 하나님께 일이 중요한 것처럼, 사람에게도 일이 중요합니다. 하나님은

일 속에 기쁨의 비밀을 담아 두셨습니다. 하나님은 창조의 일을 하신 후에 늘 기뻐하셨습니다.

하나님이 빛을 만드신 후에 만드신 빛을 보셨습니다. 보신 후에 기뻐하셨습니다. 행복해하셨습니다(창 1:3-5). "하나님이 보시기에 좋았더라"는 표현은 만족스럽다는 표현입니다. 6일 동안 천지를 창조하실 때마다 같은 표현을 쓰셨고, 마지막 날에는 "하나님이 보시기에 심히 좋았더라"고 말씀하십니다.

우리는 하나님이 일을 대하는 마음, 일을 이루신 다음에 결과를 바라보시는 것을 배워야 합니다. 어떤 이들은 일을 저주라고 생각하기도 하는데, 그것은 결코 성경적이지 않습니다. 일이나 노동은 하나님의 의도입니다. 하나님은 창조의 일을 마치신 후에도 계속해서 일하십니다(렘 33:2).

예수님의 일에 대한 태도를 보십시오. 예수님은 하나님께서 맡기신 일을 이루심으로 하나님 아버지를 영화롭게 하셨습니다.

> 아버지께서 내게 하라고 주신 일을 내가 이루어 아버지를 이 세상에서 영화롭게 하였사오니 요 17:4

하나님은 일을 통해 우리를 축복하십니다. 하나님이 맡기신 사명을 완수하게 하십니다. 우리의 삶 속에서 보람을 느끼게 하십니다. 말할 수 없는 환희를 경험하게 하십니다. 일에 중독되는 것은 조심해야 합니다. 하지만 하나님이 일하시는 것처럼 일할 때 우리는 참된 안식을 경험할 수 있습니다.

하나님은 탁월하신 성품을 따라
만물을 창조하셨습니다

하나님이 만드신 창조물 속에는 하나님의 성품이 깃들어 있습니다. 하나님은 선하신 분입니다. 다윗은 "여호와의 선하심을 맛보아 알지어다"(시 34:8)라고 말했습니다. 다윗은 하나님의 선하심을 맛본 사람입니다. 히브리어로 '선하다'라는 단어는 '토브'입니다. 이 단어는 좋은 이미지를 모두 갖고 있습니다. 도덕적으로 선하다는 것을 의미할 뿐만 아니라 '좋음, 유익함, 유쾌함, 아름다움'과 같은 뜻을 모두 가지고 있습니다.

하나님의 선하심은 곧 하나님이 좋으신 분임을 의미합니다. 우리는 선한 사람을 만나면 '이분은 참 좋은 분이구나'라고 생각합니다. 하나님의 선하심 속에 하나님의 아름다움이 담겨 있습니다. 누군가를 만났을 때 그의 모습에서 선함을 보게 된다면, 그것은 아름다움입니다. 무엇보다 내면의 선함이 얼굴에 깃들어 있을 때 그것은 최상의 아름다움입니다.

하나님의 성품 중 하나는 거룩입니다. 하나님은 거룩하신 분입니다. 정결하신 분입니다. 그런 까닭에 하나님의 아름다운 작품 속에는 하나님의 거룩함이 담겨 있습니다. 더글라스 스위니(Douglas

A. Sweeney)와 오웬 스트라챈(Owen Strachan)은 조나단 에드워즈가 추구했던 하나님의 아름다움에 대한 책을 썼습니다. 그 책에 담긴 하나님의 거룩에 대한 내용을 소개합니다.

> 하나님은 사람이 상상할 수 있는 가장 위대하고, 가장 순결한 존재보다 더 거룩하게 빛나는 분이고, 거룩한 아름다움 가운데 계시는 분이시다. … 하나님이 하시는 일이 빛이시고 하나님 자신이 빛이시다. 하나님의 사역은 하나님의 성품과 마찬가지로 거룩함을 내뿜는다. 하나님의 거룩은 하늘과 땅을 비추는 빛이다.[1]

하나님은 탁월하신 지혜를 따라 만물을 창조하셨습니다

하나님은 아무렇게나 만물을 창조하지 않으셨습니다. 하나님은 지혜로 모든 만물을 만드셨습니다. 예수님은 지혜의 본체가 되십니다. 성령님은 지혜의 영이십니다. 잠언 8장은 하나님이 예수님을 통해 성령님과 더불어 만물을 창조하실 때 지혜가 함께했다고 증언합니다. 잠언 8장은 지혜를 의인화해서 하나의 인격체로 묘사하고 있습니다.

> 여호와께서 그 조화의 시작 곧 태초에 일하시기 전에 나를 가지

---

1 더글라스 스위니·오웬 스트라챈, 《조나단 에드워즈의 하나님의 아름다움》, 부흥과개혁사, 2012, 45쪽.

셨으며 … 그가 하늘을 지으시며 궁창을 해면에 두르실 때에 내가 거기 있었고 … 또 땅의 기초를 정하실 때에 내가 그 곁에 있어서 창조자가 되어 날마다 그의 기뻐하신 바가 되었으며 항상 그 앞에서 즐거워하였으며 잠 8:22, 27, 29-30

이 말씀에 나오는 지혜는 곧 예수님을 의미합니다. 예수님이 지혜자이실 뿐 아니라, 예수님이 지혜로 천지를 창조하셨습니다. 예수님의 곁에 함께 계셨던 분이 지혜의 영이신 성령님입니다.

우리는 일할 때 하나님의 지혜를 구해야 합니다. 하나님이 성막에 쓸 모든 것을 만드실 때 브살렐과 오홀리압을 선택하셨습니다. 그리고 그들에게 지혜와 총명을 부어 주셨습니다(출 36:1). 열심히 일하는 것은 중요합니다. 하지만 더 중요한 것은 지혜롭게 일하는 것입니다. 하나님께 늘 지혜를 구하십시오. 하나님께 지혜를 받아 일할 때 탁월함에 이를 수 있습니다.

하나님은 탁월하신 아름다움을 따라 천지 만물을 만드셨습니다

최근에 저의 마음을 사로잡고 있는 언어와 생각들이 있습니다. 그것은 하나님의 영광, 하나님의 아름다움, 하나님의 거룩하심입니다. 그리고 하나님의 기쁨입니다. 하나님은 아름다우신 분입니다. 그런 까닭에 하나님이 만드신 작품도 아름답습니다.

아름다움에 대한 관심을 갖기 시작하면서 아름다움에 대해 쓴 글들을 자주 접하게 됩니다. 그 기쁨은 놀라운 기쁨입니다. 하나님의 아름다움에 사로잡혀 살았던 인물 중에 하나가 조나단 에드워즈입니다. 그는 하나님이 만드신 자연을 묵상하는 중에 하나님의 거룩하심과 영화로우심, 하나님의 위엄과 온화함을 경험했습니다. 그가 하루는 산책하는 중에 하늘의 구름을 바라보며 경험한 아름다움을 다음과 같이 기록했습니다.

> 나는 그곳을 거닐다가 하늘과 구름을 올려다보았다. 하나님의 영광스러운 위엄과 자비가 갑자기 감미롭게 느껴졌다. 하지만 도무지 표현할 길이 없었다. 위엄과 자비가 감미롭게 결합되어 있고 위엄과 온화함이 결합되어 있는 것 같았다. 감미롭고, 부드럽고 그리고 거룩한 위엄이었다. 그리고 동시에 위엄찬 상냥함이었고, 두려운 달콤함이었고, 지극히 높고, 위대하고 그리고 거룩한 상냥함이었다.
> 이 일 후로 신적인 것에 대한 감각이 점점 증가했고 더욱 생생해졌으며 내적 감미로움을 더 많이 느끼게 되었다. 이와 동시에 모든 게 달라 보였다. 이를테면 하나님의 영광이 거의 모든 것들 속에 잔잔하고 감미롭게 드리우고 나타나는 것 같았다(전집 16, 793-794).[2]

하늘과 구름을 바라보는 중에 하나님의 성품을 맛보아 알게

---

2 더글라스 스위니 · 오웬 스트라챈, 앞의 책, 59-60쪽.

되었다는 것입니다. 표현이 정말 놀랍습니다. 감미롭고, 부드럽고, 위엄찬 상냥함, 두려운 달콤함, 내적 감미로움과 같은 표현을 쓸 수 있다는 것은 그 영혼이 얼마나 순전한가를 알 수 있습니다.

아름다움을 추구하는 삶은 아름답습니다. 우리 인간은 진, 선, 미를 추구하며 살 때 가장 아름답습니다. 거짓이 아닌 진리, 악함이 아닌 선함, 추함이 아닌 아름다움을 추구할 때 가장 고상하고 신선한 기쁨을 누릴 수 있습니다. 하나님은 만물을 창조하실 때 진, 선, 미를 추구하셨습니다.

> 아름다움. 이것은 진리와 선함과 함께 영혼이 먹는 세 가지 음식 중 하나로, 인간에게 가장 활달한 욕구 중 하나다. 진, 선, 미의 셋은 우리 모두가 무한히, 절대적으로 원하는 것들이다. 이것들은 우리의 본성 자체가 우리에게 말해 주는 하나님의 세 가지 속성이다. 이것들은 우리를 동물들과 구분짓는 특징이다. 이것들은 또한 모든 사람들을 아연실색하게 하는 복음서 속 예수가 지닌 인성상의 세 가지 특징이다.[3]

아름다움은 매력입니다. 끄는 힘입니다. 우리는 아름다움에 이끌립니다. 아름다움은 경외심입니다. 경외심은 처음에는 두려움으로 다가오지만 아름다운 대상을 자주 대하면 깊은 존경심으로

---

3 피터 크리프트, 《예수 충격》, 김영사, 2009, 83쪽.

발전합니다. 사랑스러운 경외심으로 승화됩니다. 아름다움은 기쁨을 줍니다. 아름다움은 그 대상을 자주 방문하게 만듭니다. 자주 생각하게 만듭니다. 그 아름다움에 젖어들게 만듭니다. 아름다움의 기쁨은 경이로움의 기쁨이요, 영혼의 황홀함입니다.

하나님은 창조의 일을 마치신 후에 안식하면서 친히 만드신 작품을 즐기셨습니다. 최상의 행복을 누리셨습니다. 만족해하셨습니다. 그 영광스러움으로 인해 기뻐하셨습니다. 하나님은 영화로우십니다. 그런 까닭에 하나님이 만드신 작품 속에 하나님의 영광이 깃들어 있습니다. 안식의 날에 하나님이 만드신 만물을 바라보며 묵상할 때 우리는 경이로움 가운데 안식할 수 있습니다. 하나님의 아름다운 성품과 작품을 묵상하면서 놀라운 안식의 기쁨을 누릴 수 있습니다. 우리가 안식하지 않으면 그 놀라운 기쁨을 경험할 수 없습니다. 바쁘게만 움직이면 하나님이 만드신 작품을 음미할 시간을 갖지 못합니다. 안식하십시오. 하나님이 만드신 만물 속에 깃들어 있는 하나님의 아름다움과 영광스러움과 거룩함의 즐거움을 누리며 하나님께 영광을 돌리십시오.

구속의 은혜를 기억하라

출애굽기 20장에 나오는 안식일 계명은 하나님의 창조와 관계가 있습니다. 하지만 신명기 5장에 나오는 안식일 계명은 하나님의 구속과 관계가 있습니다.

> 너는 기억하라 네가 애굽 땅에서 종이 되었더니 네 하나님 여호와가 강한 손과 편 팔로 거기서 너를 인도하여 내었나니 그러므로 네 하나님 여호와가 네게 명령하여 안식일을 지키라 하느니라
> 신 5:15

신명기 5장 15절에 나오는 안식의 이유는 하나님의 구속에 있습니다. 이 말씀은 "너는 기억하라"는 말씀과 함께 시작됩니다. 하나님의 백성에게 있어 이 말씀은 아주 중요한 역할을 합니다. 그들이 기억해야 할 사실은 하나님이 애굽 땅에서 종살이하던 그들을 하나님의 강한 손과 편 팔로 건져 내시고, 인도해 내셨다는 것입니다. 그러므로 안식일을 지키라는 것입니다. 하나님이 기억하라고 명하실 때 그 기억은 아주 중요한 역할을 합니다.

> 기억은 신앙의 근원이다. 신앙한다는 것은 기억하는 것이다. 유다인의 신앙은 과거 이스라엘에 일어난 일들을 회상하는 것이다. … 회상은 거룩한 행위다. 우리는 과거를 기억함으로써 현재를 거룩하게 만든다.[4]

---

4 아브라함 요수아 헤셸, 《사람은 혼자가 아니다》, 한국기독교연구소, 2007, 195쪽.

성 어거스틴은 기억의 힘에 대해 "오, 나의 하나님, 이 기억의 힘은 위대합니다. 실로 그 힘이 너무 위대합니다. 그것은 너무 크고 끝이 없는 내면의 방입니다."라고 말합니다.[5]

하나님은 기억을 통해 하나님의 언약을 상기시켜 주십니다. 하나님이 베푸신 은혜를 상기시켜 주십니다. 그 은혜가 현재에도 함께하며, 장래에도 함께할 것을 깨닫게 하십니다. 하나님은 우리가 기억해야 할 것은 망각하고, 망각해야 할 것은 기억하고 있는 것을 아십니다. 그래서 망각할 것은 망각하고, 기억할 것은 기억하도록 명하십니다.

어린양의 피로 우리를 구속하신
하나님의 은혜를 기억하십시오

하나님의 창조 속에서 그분의 탁월하심을 발견하는 것처럼 하나님의 구속 역사 속에서도 그분의 탁월하심을 발견하게 됩니다. 하나님의 탁월하심은 대속의 은혜를 통해 드러납니다. 하나님은 히브리 노예들을 바로의 손에서 건져 내어 해방시키기 위해 어린양을 사용하셨습니다. 이스라엘 백성들의 장자를 구하기 위해, 장자를 대신해서 어린양이 죽임을 당하게 하셨습니다(출 12:5-7).

어린양의 피 없이는 그들은 바로의 손에서 벗어날 수 없었습니다. 어린양의 고기를 먹지 않았으면 그들은 애굽을 떠날 힘을

---

5 어거스틴, 《성 어거스틴의 고백록》, 대한기독교서회, 2003, 325쪽.

얻을 수 없었습니다. 어린양의 피를 통해 재앙을 벗어날 수 있었습니다. 하나님은 유월절 어린양을 기억하라고 말씀합니다. 유월절 절기를 기억하라고 말씀합니다. 하나님은 이날을 기념하여 여호와의 절기를 삼아 영원한 규례로 대대로 지키라고 말씀합니다 (출 12:14). 이 말씀은 곧 "이날을 기억하라"는 뜻입니다. 어린양의 피 아래 안식했던 것을 기억하라는 것입니다. 어린양의 피로 자유하게 되었음을 기억하라는 것입니다. 유월절 이후로 이스라엘 백성들의 죄는 어린양의 피를 통해 용서를 받았습니다. 피 없이는 하나님 앞에 나아갈 수 없었습니다.

이 어린양은 예수님의 모형이었습니다. 아브라함이 모리아 산에서 하나님의 말씀에 순종해서 이삭을 바칠 때 하나님은 이삭을 대신해서 숫양을 예비하셨습니다. 그리고 그 숫양이 이삭을 대신해서 희생 제물이 되게 하셨습니다. 바로 그 숫양, 바로 유월절 어린양으로 오신 분이 예수님입니다. 예수님이 어린양으로 오셔서 십자가에 죽으셨습니다. 그리고 죽기 전날 최후의 만찬을 하시면서 어린양 예수님의 살과 피를 제자들에게 주셨습니다. 그날 예수님이 제자들과 나눈 식사는 유월절 식사였습니다.

예수님은 친히 유월절 어린양이 되셔서 제자들에게 그리고 우리에게 예수님의 몸을 주시고, 피를 흘려 주셨습니다.

이에 잔을 받으사 감사 기도 하시고 이르시되 이것을 갖다가 너

> 희끼리 나누라 내가 너희에게 이르노니 내가 이제부터 하나님의 나라가 임할 때까지 포도나무에서 난 것을 다시 마시지 아니하리라 하시고 또 떡을 가져 감사 기도 하시고 떼어 그들에게 주시며 이르시되 이것은 너희를 위하여 주는 내 몸이라 너희가 이를 행하여 나를 기념하라 하시고 저녁 먹은 후에 잔도 그와 같이 하여 이르시되 이 잔은 내 피로 세우는 새 언약이니 곧 너희를 위하여 붓는 것이라 눅 22:17-20

이 말씀 속에서 주님은 제자들에게 "이를 행하여 나를 기념하라"고 명하셨습니다(눅 22:19). 하나님이 이스라엘 백성들에게 어린양의 유월절을 기념하라고 말씀하신 것처럼 예수님은 바로 어린양 예수님의 유월절을 기념하라고 명하셨습니다. 이제 더 이상 구약의 유월절을 지킬 필요가 없습니다. 구약의 유월절은 신약의 유월절의 그림자입니다.

예수님이 친히 유월절 어린양이 되셔서 십자가에 달리시고 그 피로 우리를 구속해 주셨습니다. 그런 까닭에 이제 우리는 참된 안식을 누리게 되었습니다. 예수님은 구속의 일을 하시고, 곧 우리 죄 문제를 해결하시고 참된 안식에 이르게 하셨습니다.

> 이 모든 날 마지막에는 아들을 통하여 우리에게 말씀하셨으니 이 아들을 만유의 상속자로 세우시고 또 그로 말미암아 모든 세

계를 지으셨느니라 이는 하나님의 영광의 광채시요 그 본체의 형상이시라 그의 능력의 말씀으로 만물을 붙드시며 죄를 정결하게 하는 일을 하시고 높은 곳에 계신 지극히 크신 이의 우편에 앉으셨느니라 히 1:2-3

위의 말씀은 예수님은 창조자이시며, 또한 구속자이심을 증거하고 있습니다. 예수님의 창조와 구속을 통해 하나님의 영광이 빛나고 있습니다. 하나님의 창조가 아름답듯이 하나님의 구속 또한 아름답습니다. 영혼을 구원하고, 죄를 용서하고, 허물을 덮어 주고, 사람을 보배로 만드는 것은 참으로 아름다운 일입니다. 어떤 예술품의 아름다움보다 용서와 구원의 일은 더욱 아름답습니다.

종을 보배로운 백성으로 삼으신
구속의 은혜를 기억하십시오

우리가 기억해야 할 것은 하나님입니다. 창조의 하나님, 구속의 하나님입니다. 또한 우리가 기억해야 할 것은 우리가 누구였으며, 지금 어떤 사람이 되었는가입니다. 이스라엘 백성들은 애굽 땅에서 종이었습니다(신 5:15). 하나님은 종 되었던 그들을 보배로운 백성으로 삼으셨습니다(신 26:18).

하나님은 보배로우신 분입니다. 원리는 간단합니다. 누구나 자기가 가진 것을 줍니다. 내면의 성품이 외면으로 드러납니다. 마음의 품은 생각이 언어로, 행동으로, 태도로 나타납니다. 하나님이 보배로우신 분이기에 이스라엘 백성들을 보배로운 백성으로 만드셨습니다. 예수님은 보배이십니다. 그런 까닭에 예수님을 믿는 우리를 보배롭게 만드셨습니다. 베드로는 예수님의 피를 보배로운 피라고 찬양하며(벧전 1:19), 보배로운 산 돌, 보배로운 모퉁잇돌이라고 찬양합니다(벧전 2:4, 6). 보배로운 예수님이 우리를 보배로운 백성으로 만드셨다는 것입니다.

> 그러나 너희는 택하신 족속이요 왕 같은 제사장들이요 거룩한 나라요 그의 소유가 된 백성이니 이는 너희를 어두운 데서 불러내어 그의 기이한 빛에 들어가게 하신 이의 아름다운 덕을 선포하게 하려 하심이라 너희가 전에는 백성이 아니더니 이제는 하나님의 백성이요 전에는 긍휼을 얻지 못하였더니 이제는 긍휼을 얻은 자니라 벧전 2:9-10

이것이 구속의 결과입니다. 예수님의 탁월한 사역의 열매입니다. 이전에 하나님의 백성이 아니었으며, 긍휼을 얻지 못했던 사람들이 이제 택하신 족속, 왕 같은 제사장, 거룩한 나라, 하나님의 소유된 백성이 되었습니다. 보배가 된 것입니다. 우리 안에 보배를 담게 된 것입니다. 예수님이 아름다우신 것처럼 예수님을 믿는 성도도 아름답습니다. 그 이유는 예수님이 보배로우신 것처럼 성도도 보배롭기 때문입니다.

종은 안식이 없지만 하나님의 자녀는 안식할 수 있습니다. 하나님이 종 되었던 사실을 기억하라고 말씀하신 까닭은 종은 안식할 수 없지만 하나님의 자녀가 되었으니 안식할 수 있게 되었기 때문입니다. 하나님의 보호와 인도와 공급을 믿고 안식할 수 있습니다.

죄인을 의인으로 만드신
구속의 은혜를 기억하십시오

하나님의 구속 사역이 아름다운 것은 죄인을 의인으로 만드셨기 때문입니다. 죄인을 거룩하고 정결하게 만드셨기 때문입니다. 하나님의 손이 함께하시면 더러운 것이 거룩해집니다. 추한 것이 아름다워집니다. 쓸모없는 것이 보배가 됩니다. 진정한 안식은 내면에서 시작됩니다. 아무리 안식할 수 있는 환경이 주어진다 해도 마음이 불안하면 안식할 수 없습니다. 우리 인간을 불안하게 하고 두렵게 만드는 것은 죄입니다. 악입니다. 우리 안에 있는 죄와 악의 문제가 해결되지 않으면 안식할 수 없습니다. 더러우면 안식할 수 없습니다. 더럽고 냄새 나는 시궁창에 들어갔다 나온 사람은 그 더러운 것을 씻기까지 안식할 수 없습니다.

악인에게는 평온함이 없습니다. 마음의 상태가 물이 진흙과 더러운 것을 늘 솟구쳐 내는 요동하는 바다와 같습니다. 악인에게는 평강이 없습니다(사 57:20-21). 악인의 마음에는 안식이 없습니다. 우리는 예수님을 믿기 전까지 악인의 길을 걸었던 사람들입니다. 마음은 요동하는 바다와 같았습니다. 평강이 없었습니다. 그런데 예수님이 우리에게 예수님의 의를 전가시켜 주셨습니다. 우리의 죄와 악을 십자가에서 대신 담당하시고, 예수님의 의를 우리에게 전가시켜 주셨습니다. 그것도 값없이 거저 은혜를 베풀어 주신 것입니다(롬 3:24).

예수님을 믿음으로 의롭다 하심을 얻은 우리는 이제 평강을 누리게 되었습니다. 예수님의 피와 은혜로 값없이 의롭다 하심을 얻게 되었습니다. 더 이상 죄와 형벌과 저주와 진노를 두려워할 필요가 없습니다. 이제 칭의의 은혜 안에서 마음의 쉼을 얻게 되었습니다. 예수님은 우리에게 평강을 선물로 주십니다. 우리의 죄는 예수님이 대신 담당해 주십니다. 이제 우리 안에는 그리스도의 평강이 함께하십니다. 또한 우리가 하나님께 기도할 때 하나님의 평강이 우리의 마음과 생각을 지켜 주십니다(빌 4:6-7).

스스로 의로워지기 위해 노력하는 일을 내려놓아야 합니다. 오직 예수님의 의를 힘입도록 하십시오. 우리는 이미 의롭다 하심을 받은 성도들입니다. 온전히 하나님을 신뢰하십시오. 그때 마음에 평강이 넘치게 됩니다. 예수님이 이루신 일을 신뢰함으로 안식하십시오. 날마다 그리스도의 평강이 우리의 마음을 주장하도록 마음의 왕좌를 주님께 내어드리십시오.

육신의 안식보다 더 중요한 것은 마음의 안식입니다. 심령의 안식입니다. 육체적인 안식보다 더 중요한 것이 마음의 안식입니다. 환경의 행복보다 더 중요한 것이 심령의 행복입니다. 깊고도 참된 행복은 어디서 오는 것일까요? 어거스틴은 그의 고백록에서 다음과 같이 말합니다.

> 참다운 행복이란 당신으로부터 오는, 당신을 향한, 그리고 당신을 위한 기쁨입니다. 참 행복이란 이것뿐 그 외에는 없습니다. … 참 행복이란 진리 안에서 기뻐하는 것이기 때문입니다. 그것은 곧 진리이신 당신 안에서 기뻐하는 것이 됩니다. 나의 빛이시요, 내 얼굴을 구원하시는 내 하나님이여, 이 행복을 바로 모든 사람들이 원하고 있습니다. 이러한 삶이 바로 모든 사람들이 원하는 행복입니다. 즉 진리 안에서 기뻐하는 삶을 모든 사람들은 원하고 있는 것입니다.[6]

예수님이 주시는 구속의 은혜

바로는 무거운 짐을 부과하는 사람입니다. 바로는 사탄의 모형입니다. 반면에 하나님은 무거운 짐을 대신 담당해 주시는 분입니다. 안식을 주십니다. 하나님은 이스라엘 백성들에게 바로의 권

---

6 어거스틴, 앞의 책, 343-344쪽.

세 아래 있을 때를 기억하라고 말씀하십니다.

　하나님은 기억을 소중히 여기십니다. 하나님은 아브라함과 맺은 언약을 기억하시고, 이스라엘 백성들을 바로의 손에서 건져 내셨습니다. 하나님은 바로가 얼마나 히브리 백성을 무거운 짐으로 괴롭혔는가를 아셨습니다(출 6:5-7).

　이스라엘 사람들은 바로의 무거운 짐 밑에 있었습니다. 하나님은 그들을 속량하셔서 하나님의 백성으로 삼으셨습니다. 바로와 하나님을 감히 비교해 본다면 바로를 더욱 잘 알 수 있습니다. 바로는 무거운 짐을 지우는 사람이었습니다. 바로의 마음은 불안했습니다. 그래서 히브리 노예들을 불안하게 했습니다. 바로의 마음은 두려움으로 가득했습니다. 그런 까닭에 사람들을 두렵게 했습니다. 바로의 마음은 무거운 짐에 눌려 있었습니다. 바로의 마음은 폭력적이었습니다. 그런 까닭에 이스라엘 백성들에게 폭력을 가했습니다. 바로의 배후에는 사탄이 있었습니다. 사탄이 행하는 것을 보면 바로의 배후의 정체를 알 수 있습니다.

　　예수께서 바다 건너편 거라사인의 지방에 이르러 배에서 나오시매 곧 더러운 귀신 들린 사람이 무덤 사이에서 나와 예수를 만나니라 그 사람은 무덤 사이에 거처하는데 이제는 아무도 그를 쇠사슬로도 맬 수 없게 되었으니 이는 여러 번 고랑과 쇠사슬에 매였어도 쇠사슬을 끊고 고랑을 깨뜨렸음이러라 그리하여 아무도 그를 제어할 힘이 없는지라 밤낮 무덤 사이에서나 산에서나 늘 소리 지르며 돌로 자기의 몸을 해치고 있었더라 막 5:1-5

더러운 귀신은 거라사에 살고 있던 사람 안으로 들어갔습니다. 귀신은 그를 집에서 나오게 만들었습니다. 무덤 사이에서 살게 했습니다. 귀신은 무덤을 생각하게 만듭니다. 죽음을 생각하게 만듭니다. 귀신은 포악하게 만듭니다. 쇠사슬을 맬 수 없을 만큼 포악하게 만듭니다. 자기 몸을 해치게 만듭니다. 소리를 지르게 만듭니다. 귀신이 역사하면 이렇게 사람을 파괴합니다. 가정을 파괴합니다. 집을 떠나게 만듭니다. 그런데 예수님이 거라사 광인 안에 있던 군대 귀신을 쫓아내 주셨습니다. 그때 그는 온전해졌습니다. 고요해졌습니다(막 5:15).

예수님은 함께 있기 원하는 그에게 집으로 돌아가라고 말씀합니다. 예수님이 어떻게 큰일을 행하셨는지 알리라고 말씀합니다(막 5:18-19). 집은 안식처입니다. 그리스도인은 가정이라는 집과 함께 아버지의 집인 교회가 있습니다. 하나님이 이스라엘 백성들을 인도해 내시고 그들을 주의 거룩한 처소로 들어가게 하셨습니다(출 15:13). 거룩한 처소, 성전에 아름다움이 있습니다. 성전은 예수님입니다. 예수님 안에 안식이 있습니다. 예수님의 보혈 안에 안식이 있습니다. 하나님의 창조와 구속 안에서 안식을 누릴 수 있습니다.

성삼위 하나님은 모든 만물을 만드시고, 그 모든 만물에 하나님의 이름으로 도장을 찍으셨습니다. 모든 만물이 하나님의 소유, 하나님의 작품이라는 것을 보여 줍니다. 하나님은 인간에게 하나님의 형상이라는 인을 치셨습니다. 하지만 인간은 죄를 지어 타락했습니다. 그 타락한 인간을 사단의 손에서 건져 내신 예수님은 그의 피로 인을 치셨습니다. 성령님도 함께 인을 치셨습니다(엡 1:13).

인치심은 소유를 의미합니다. 하나님이 성령님으로 우리를 인치신 것은 하나님의 소유가 되었다는 것을 의미합니다. 아무도 하나님의 소유를 건드릴 수 없습니다. 또한 인치심은 하나님의 보호를 의미합니다. 영원한 보증입니다. 하나님의 인치심 안에서 우리의 구원은 안전합니다. 죄 용서는 확실합니다. 하나님의 자녀됨은 영원합니다. 인치심은 하나님의 나라를 유산으로 받게 된 상속자임을 의미합니다. 하나님의 나라는 사랑의 나라입니다. 축제의 나라입니다. 기쁨의 나라입니다. 안식의 나라입니다.

우리는 언젠가 이 땅을 떠나게 됩니다. 그때 우리는 하나님의 나라에 들어가게 됩니다. 하나님의 나라는 예수님과 함께 지금 우리 안에 이미 역사합니다. 하지만 우리가 이 땅에서 육신의 장막을 벗을 때 우리는 새로운 거룩한 처소로 들어가게 됩니다. 그것이 바로 천국입니다. 우리는 장차 누리게 될 천국의 안식을 미리 누리며 살고 있습니다. 그러므로 안심하십시오. 예수님의 구속의 은혜 안에서 안식하십시오. 평안을 누리십시오. 구속의 안식의 은혜가 풍성하기를 바랍니다.

2부 우리에게 허락된 안식의 시간을 누리는 법

安息

5

안식과 재충전

왕상 19:1-8

우리의 필요를 아시는 하나님

하나님은 인간을 유한한 존재로 만드셨습니다. 우리는 전능하지 않습니다. 반면에 하나님은 전능하십니다. 또한 하나님은 한계가 없으십니다. 하나님은 피곤하지 않으십니다. 하나님은 곤비하지 않으십니다. 하지만 인간은 조금만 무리해도 피곤합니다. 인간은 쉽게 무능해지고, 무력해집니다. 하나님은 우리가 쉽게 피곤해지고, 쉽게 무능해지는 것을 아십니다. 하나님은 피곤한 사람에게 능력을 주시고, 무능한 사람에게 힘을 더해 주십니다.

> 피곤한 자에게는 능력을 주시며 무능한 자에게는 힘을 더하시나니 사 40:29

우리는 자신의 한계를 알아야 합니다. 그것이 지혜입니다. 우리는 무한한 힘을 가지고 있지 않습니다. 무리하면 에너지가 고갈되는 것을 경험합니다. 세상에 존재하는 모든 것은 에너지 공급을 필요로 합니다. 에너지가 고갈되면 그 에너지를 다시 보충해야 합니다. 마치 차나 비행기에 연료를 정기적으로 넣어 주어야 하는 것과 같습니다.

차나 비행기에 연료를 넣기 위해서는 잠시 멈추어야 합니다. 또한 외부로부터 에너지를 공급받아야 합니다. 연료 없이는 움직일 수 없습니다. 그러므로 언제나 연료가 완전히 고갈되기 전에 채워 주어야 합니다. 면도기는 정기적으로 충전을 해야 잘 작동합니다. 스마트폰이나 컴퓨터도 마찬가지입니다. 정기적으로 전원을 충전해야 그 기능을 온전히 발휘할 수 있습니다.

  인간은 가끔 자신이 전능한 하나님인 것처럼 착각할 때가 있습니다. 그때 무리해서 과로하게 됩니다. 그때 탈진을 경험하게 됩니다. 탈진, 소진, 고갈은 모두 같은 뜻을 가지고 있습니다. 우리는 육신적으로나 영적으로 탈진 상태에 이르지 않도록 주의해야 합니다. 탈진 상태에 이르게 되면 무력감을 경험하게 됩니다. 의욕을 상실하게 됩니다. 우울해집니다. 침체 속으로 들어가게 됩니다. 깊은 수렁에 빠진 경험을 하게 됩니다. 어두운 터널을 통과하는 경험을 하게 됩니다. 이는 결코 좋은 경험이 아닙니다. 하지만 우리 인생에서 누구나 이런 경험을 하게 됩니다. 정도는 다르지만 누구나 한두 번쯤은 그런 경험을 합니다.

  열왕기상 19장에서 엘리야는 탈진한 채로 로뎀 나무 아래에 쓰러져 있었습니다. 그는 죽기를 원했습니다.

> 자기 자신은 광야로 들어가 하룻길쯤 가서 한 로뎀 나무 아래에 앉아서 자기가 죽기를 원하여 이르되 여호와여 넉넉하오니 지금 내 생명을 거두시옵소서 나는 내 조상들보다 낫지 못하니이다 하고 왕상 19:4

그는 열왕기상 18장에서 하늘에서 불을 내렸던 사람입니다. 바알 선지자 450명과 싸워 승리했던 하나님의 사람입니다. 그는 기손 시내에서 바알 선지자들 모두를 죽였던 사람입니다. 갈멜산에서 기도하는 중에 3년 6개월 동안 가물었던 땅에 비를 내리게 한 사람입니다. 불과 얼마 전에 비를 내리게 했던 하나님의 사람이 지금 쓰러져 있습니다. 모든 의욕을 상실한 채 죽기를 자원하고 있습니다. 하나님은 이 사건을 통해 우리에게 소중한 교훈을 가르쳐 주십니다.

영적으로 침체됨

엘리야는 훌륭한 하나님의 사람입니다. 그는 정말 절제된 사람입니다. 거룩한 하나님의 사람입니다. 인내할 줄 알았던 사람입니다. 하나님의 때가 오기 전까지 오랫동안 기다리며 하나님의 때를 분별할 줄 알았던 사람입니다. 그는 능력의 종이었습니다. 그가 기도할 때 하나님은 놀라운 기적을 일으켜 주셨습니다. 그는 용맹스런 선지자입니다. 아합 왕 앞에서 용맹을 발휘했습니다. 그는 바알 선지자와 아세라 선지자와 싸울 때도 홀로 싸웠습니다. 그런 그가 지금은 여태껏 보여 주었던 모습과는 정말 다른 모습을 보이고 있습니다.

엘리야는 지금 두려워하고 있습니다. 그는 이세벨의 위협에 낙담한 채 깊은 침체에 빠져 있습니다. 그는 죽기를 원하고 있습니다. 그의 감정은 우울합니다. 그의 감정은 요동치고 있습니다. 우리는 엘리야를 통해 훌륭한 하나님의 사람도 영적 침체를 경험할 수 있다는 사실을 알아야 합니다. 워렌 위어스비(Warren W. wiersbe)는 《목회자와 낙심》이란 글에서 탁월한 하나님의 사람들이 통과했던 침체에 대해 언급하고 있습니다.

> 1866년 어느 날, 설교 도중에 찰스 H. 스펄전은 다음과 같은 말을 하였다. "여러분 중에 한 사람도 이와 같은 불행을 당하지 않기를 바라지만 본인은 지금 무섭게도 영혼이 침체되어 있습니다." 스펄전은 1887년에 남긴 메시지에서도 "나 자신도 가끔 어둠의 골짜기를 지나게 되는 경우가 있다"고 고백하였다. … 알렉산더 화이트도 마찬가지였다. 화이트의 일대기를 저술한 G. F. 바부어(G. F. Barbour)는 "본시 의지가 굳은 성품을 지니고 있는 화이트 박사도 설교하는 일이나 사람들과의 관계에서 나타나는 결과를 보고 깊은 절망에 빠졌던 시기가 있었다"는 점을 말해 준다.[1]

저는 한때 깊은 영적 침체를 경험한 적이 있습니다. 참으로 고통스런 경험이었습니다. 그때 제게 위로가 되었던 것은 탁월한 하

---

1 워렌 위어스비, 《위대한 발자취를 남긴 사람들》, 엠마오, 1991, 379-380쪽.

나님의 사람들도 침체를 경험했다는 사실입니다. 모세도 그의 짐이 너무 무거웠을 때 즉시 죽여 달라고 외쳤습니다.

> 책임이 심히 중하여 나 혼자는 이 모든 백성을 감당할 수 없나이다 주께서 내게 이같이 행하실진대 구하옵나니 내게 은혜를 베푸사 즉시 나를 죽여 내가 고난당함을 내가 보지 않게 하옵소서
> 민 11:14-15

우리는 누구나 너무 무거운 짐에 억눌리거나 과로하면 탈진 상태를 경험하게 된다는 사실을 알아야 합니다. 가끔 큰 일을 감당하는 사역자들 가운데 자신의 한계를 무시한 채 쉬지 않고 무리하게 일하다가 침체를 경험하는 것을 보게 됩니다.

리처드 A. 스웬슨(Richard A. Swenson)은 그의 책 《오버로드 신드롬》에서 인간의 한계를 인정하는 것이 중요하다는 사실을 강조합니다.

> 우리는 무한하지 않다. 우리 중 어느 누구도 하루에 24시간 이상을 가질 수는 없다. 고갈되지 않는 인간 에너지를 소유할 수도 없다. 힘을 잃지 않고 끝없이 달릴 수도 없다. 한계는 실재하는 것이다.[2]

하나님이 한계를 만드신 것은 우리를 보호하시기 위함입니다.

---

2 리처드 A. 스웬슨, 《오버로드 신드롬》, 복있는사람, 2004, 31-32쪽.

우리는 모두 다 한계를 가지고 있다는 점에서 똑같습니다. 한계를 넘어서는 것은 위험합니다. 한계를 인정하는 것이 지혜입니다. 우리는 우리의 한계를 인정하지 않을 때 스스로를 하나님처럼 착각하게 됩니다. 이는 정말 어리석은 것이며, 교만의 극치입니다.

가장 탁월한 영성은 하나님이 만드신 피조물, 즉 한계를 가진 인간이 되는 것입니다. 하나님은 우리가 전능해서 우리를 사용하시는 것이 아닙니다. 오히려 우리의 연약함을 통해 놀라운 영광을 받으시려는 것입니다. 그러므로 한계를 가지고 있다는 사실, 부족함을 느낀다는 사실, 연약하다는 사실 때문에 낙심해서는 안 됩니다. 오히려 그 한계를 인정함으로 정기적으로 안식하는 중에 하나님의 능력과 지혜와 자원을 공급받아야 합니다.

재충전에도 지혜가 필요하다

우리는 엘리야를 통해 재충전이 필요한 증상을 깨닫게 됩니다. 하나님은 엘리야의 실수를 통해 재충전의 중요성을 교훈하십니다. 정기적으로 재충전을 하지 않으면 어떤 증상이 일어나는지를 배울 수 있습니다.

에너지가 소진되어
기력이 쇠하는 증상이 나타납니다

엘리야는 로뎀 나무 아래 앉아 있습니다. 아니, 쓰러져 있습니다. 그는 모든 에너지를 소진한 상태입니다. 사람은 어느 정도의 에너지를 유지하면 계속해서 생활하는 데 어려움이 없습니다. 그런데 너무 많은 양의 에너지를 한꺼번에 사용해 버릴 때는 기력이 쇠하게 됩니다.

> 내가 피곤하고 심히 상하였으매 마음이 불안하여 신음하나이다 주여 나의 모든 소원이 주 앞에 있사오며 나의 탄식이 주 앞에 감추이지 아니하나이다 내 심장이 뛰고 내 기력이 쇠하여 내 눈의 빛도 나를 떠났나이다 시 38:8-10

피곤이 깊어지면 기력이 쇠하여집니다. 이런 현상들은 성과나 성취에 집착하는 중에 일어날 수 있습니다. 한병철은 《피로사회》에서 이런 현상을 다음과 같이 지적하고 있습니다.

> 성과를 향한 압박이 탈진 우울증을 초래한다. 그렇게 본다면 소진 증후군은 탈진한 자아의 표현이라기보다는 다 타서 꺼져 버린 탈진한 영혼의 표현이라고 해야 할 것이다.[3]

---

3 한병철, 《피로사회》, 문학과지성사, 2012, 27쪽.

우리는 성과 지향 시대에 살고 있습니다. 성과가 나쁜 것은 아니지만 모든 것을 성과로 평가하고, 성과에 집착하도록 만드는 것은 위험합니다. 성과 사회는 사람들의 육체와 영혼을 탈진해서 불이 타 꺼져 버린 상태까지 몰아갑니다. 그때 우울증 현상이 나타납니다. 어느 정도의 피로감을 느끼는 것은 당연한 현실입니다. 하지만 다 타서 꺼져 버린 듯한 탈진 상태는 문제가 있습니다.

> 소진(burn out)은 자주 우울증으로 귀결되거나 이때 우울증을 유발하는 원인으로서 오히려 과도한 긴장과 과부하로 파괴적 특성까지 나타내는 과잉 자기 관계를 들 수 있을 것이다. 탈진과 우울 상태에 빠진 성과 주체는 말하자면 자기 자신에 의해 소모되어 버리는 셈이다. 그는 자기 자신으로 인해, 자신과의 전쟁으로 인해 지치고 탈진해 버린다.[4]

두려움이 엄습해 오는 증상이 나타납니다

엘리야는 이세벨이 자신을 죽이려 한다는 위협 앞에서 두려워하고 있습니다. 이세벨은 사악한 여인입니다. 이세벨은 하나님의 선지자들을 죽였습니다. 그녀는 바알 선지자와 아세라 선지자를 도와 우상을 숭배했던 여인입니다. 그녀가 돕고 있는 바알 선지자들을 엘리야가 모두 죽였다는 소식을 듣고 그를 위협하고 있습니

---

4 한병철, 앞의 책, 94-95쪽.

다(왕상 19:1-2). 그는 이세벨뿐만 아니라 이스라엘 백성들이 자신의 생명을 빼앗으려 한다고 하나님께 탄원합니다.

> 그가 대답하되 내가 만군의 하나님 여호와께 열심이 유별하오니 이는 이스라엘 자손이 주의 언약을 버리고 주의 제단을 헐며 칼로 주의 선지자들을 죽였음이오며 오직 나만 남았거늘 그들이 내 생명을 찾아 빼앗으려 하나이다 왕상 19:14

엘리야는 본래 용맹스런 사람이었습니다. 그런데 지금은 비겁하리만큼 공황장애 속에 빠져들고 말았습니다. 우리는 몸이 피곤하면 쉽게 두려움이 찾아올 수 있다는 사실을 알아야 합니다. 우리의 육체와 감정 그리고 영혼은 서로 연결되어 있습니다. 어느 쪽이든 심각하게 고갈된 상태에 이르게 되면 두려움이나 염려가 극대화 되는 것을 보게 됩니다. 탈진한 상태에서는 이상하리만큼 하나님의 음성에 귀를 기울이지 못하고, 사람의 말을 듣고, 그 말로 인해 두려워합니다. 낙담하고 절망하게 됩니다. 엘리야가 하나님의 음성에 계속 귀를 기울였다면 이세벨의 공격에 낙담하거나 두려워하지 않았을 것입니다.

모든 의욕을 상실한 채
죽고 싶은 증상이 나타납니다

엘리야는 로뎀 나무 아래에서 하나님께 죽기를 청하고 있습니다. 그는 모든 의욕을 상실했습니다. 인간에게 있어 욕망은 아주 중요한 에너지입니다. 무엇인가를 소유하고 싶고, 무엇인가를 이루고 싶은 욕망, 또한 무엇인가 되고 싶은 욕망은 인간을 움직이는 에너지입니다. 그런데 엘리야의 고백을 보면 그의 모든 욕망이 소진된 것을 알 수 있습니다.

> 자기 자신은 광야로 들어가 하룻길쯤 가서 한 로뎀 나무 아래에 앉아서 자기가 죽기를 원하여 이르되 여호와여 넉넉하오니 지금 내 생명을 거두시옵소서 나는 내 조상들보다 낫지 못하니이다 하고 왕상 19:4

열등의식이 심각해지는 증상이 나타납니다

인간을 움직이는 힘 중에 하나는 자존감입니다. 자부심입니다. 자긍심입니다. 그런데 엘리야는 지금 자존감도, 자긍심도 상실된 상태인 것을 보게 됩니다. 이런 때 타인과 비교하는 현상이 나타납니다. 비교를 통해 스스로 열등의식을 갖는 것입니다.

> 나는 내 조상들보다 낫지 못하니이다 하고 왕상 19:4b

열등의식은 자신이 열등하기 때문에 쓸모없는 존재라고 느끼는 것입니다. 엘리야는 결코 열등한 선지자가 아닙니다. 성경을 보면 엘리야는 선지자 중의 선지자입니다. 변화산상에서 예수님과 만나 대화를 나눴던 사람이 엘리야입니다. 이스라엘 백성들이 가장 존경하는 선지자는 모세와 엘리야입니다. 그런데 그런 엘리야는 지금 스스로를 열등하다고 생각하고 있습니다.

자신이 하는 일의 의미를 상실하는 증상이 나타납니다

엘리야는 이스라엘의 부흥을 소망했습니다. 그가 하나님의 말씀을 전할 때 이스라엘 백성들이 회개하고 하나님께 돌아오길 원했습니다. 그가 하늘에서 불을 내려 바알 선지자들을 물리칠 때 백성들이 하나님 앞에 엎드려 회개하길 소원했습니다. 그런데 그런 결과는 나타나지 않았습니다. 그가 기대했던 풍성한 열매는 드러나지 않았습니다. 오히려 그들이 엘리야를 죽이려 한다고 생각하고 있습니다.

인간은 자신이 하는 일에서 의미를 발견할 때 모든 어려움을 이길 수 있습니다. 인간은 의미와 보람을 추구하는 존재입니다. 아무리 힘이 들어도 자신이 하는 일에 의미를 깨달은 사람은 모든 어려움을 극복해 냅니다. 그런데 엘리야가 탈진하자 자신이 하는 일에 의미를 부여하지 못한 채 낙담하고 있습니다. 모든 사람이 자기를 죽이려 한다고 생각하고 있습니다.

왜 엘리야에게 이런 증상이 나타났을까요? 에너지를 재충전하지 않은 채 과로한 까닭입니다. 그는 하나님께 영적 능력을 받아 엄청난 일을 이루었습니다. 하지만 자신의 육체를 돌보지 않았습니다. 우리는 어떤 때는 육체적인 재충전이 필요하고, 어떤 때는 정서적인 재충전이 필요한 것을 알아야 합니다. 또한 어떤 때는 영적으로 재충전이 필요한 것을 알아야 합니다. 엘리야에게는 지금 육체적인 재충전이 필요한 상태입니다. 또한 그는 정서적으로 재충전이 필요한 상태입니다. 그는 홀로 외롭게 쓰러져 있습니다. 그는 홀로 싸웠습니다. 그는 지금 홀로 로뎀 나무 아래에 쓰러져 있습니다.

재충전을 통해 회복시키시는 하나님

하나님은 엘리야를 위해 천사를 보내셔서 그를 회복시켜 주십니다. 하나님은 엘리야를 책망하지 않으십니다. 엘리야에게 굳센 믿음을 가지라고 말씀하지 않으십니다. 왜 쓸데없는 말을 하고 있느냐고 책망하지 않으십니다. 하나님은 엘리야의 낙심과 좌절과 두려움과 피곤을 이해해 주시고 그의 필요를 채워 주심으로 그를 회복시켜 주십니다.

하나님은 충분히 쉬게 하심으로
엘리야를 회복시켜 주십니다

하나님은 엘리야가 육체적으로 지쳐 있는 것을 아십니다. 그런 까닭에 그가 충분히 쉴 수 있도록 잠을 자게 하십니다.

> 로뎀 나무 아래에 누워 자더니 천사가 그를 어루만지며 그에게 이르되 일어나서 먹으라 하는지라 본즉 머리맡에 숯불에 구운 떡과 한 병 물이 있더라 이에 먹고 마시고 다시 누웠더니
>
> 왕상 19:5-6

하나님은 우리가 잠을 충분히 자는 것이 얼마나 중요한지 아십니다. 잠이 부족한 채 일만 계속하면 탈진하게 됩니다. 하나님은 잠을 통해 우리 몸과 마음과 영혼을 회복시켜 주십니다. 잠을 통해 고갈된 에너지가 재충전 되도록 도와주십니다. 농경사회에서는 사람들이 잠을 충분히 잤습니다. 밤이 어두워지면 잠을 자고 날이 밝으면 깨어났습니다. 그런데 전기가 발명된 후로, 또한 집에 컴퓨터가 들어온 이후로 사람들은 언제든지 깨어 있을 수 있는 환경이 마련되었습니다. 사실 이것은 건강에 결코 좋은 것이 아닙니다.

잘 때는 잠을 자야 하는데 많은 사람들이 잠을 자야 할 때 깨어 있습니다. 스마트폰 때문에 선잠을 잡니다. 자다가 깨면 제일

먼저 보는 것이 스마트폰입니다. 하나님은 잠의 중요성을 아십니다. 잠을 만드신 분이 하나님입니다. 그러므로 충분히 잠을 잘 수 있는 시간을 마련해야 합니다.

하나님은 부드러운 접촉을 통해
엘리야를 회복시켜 주십니다

하나님은 천사를 보내어 엘리야의 지친 몸을 어루만져 주십니다. 하나님은 인간이 접촉을 통해 회복된다는 사실을 알고 계십니다. 성경은 천사가 엘리야를 어루만졌다는 사실을 두 번이나 반복하여 강조하고 있습니다.

> 로뎀 나무 아래에 누워 자더니 천사가 그를 어루만지며 그에게 이르되 일어나서 먹으라 하는지라 왕상 19:5
>
> 여호와의 천사가 또다시 와서 어루만지며 이르되 일어나 먹으라 네가 갈 길을 다 가지 못할까 하노라 하는지라 왕상 19:7

사람이 너무 긴장하거나 피곤하면 잠이 잘 오지 않습니다. 숙면을 취할 수 없습니다. 숙면하기 위해서는 에너지가 필요합니다. 하나님은 인간의 몸을 만드신 분입니다. 그런 까닭에 피곤할 때 어루만져 주는 사랑을 통해 피곤한 육체와 마음이 회복되는 것을 아십니다. 하나님은 인간을 접촉이 필요한 존재로 만드셨습니다.

손을 잡아 주는 것은 정말 중요한 일입니다. 이승우 소설가의 책에는 다음과 같은 이야기가 나옵니다.

《침묵》이라는 소설로 우리에게 친근한 일본 작가 엔도 슈사쿠가 고백한 한 체험담은 손의 정신적인 힘에 대해 많은 생각을 하게 한다. 아마도 그는 대단치 않은 질병으로 잠시 입원했던 것 같다. 옆방의 폐암 환자가 밤새도록 내지르는, 흡사 짐승의 울부짖음과도 같은 신음 소리 때문에 거의 잠을 이루지 못한 엔도 슈사쿠는 이튿날 아침에 간호사에게 물었다. 환자가 그렇듯 극심한 통증으로 괴로워할 때는 어떻게 하는지, 무슨 방법이 있는지. 그의 질문에 대한 간호사의 대답이 인상적이다.
"무슨 뾰족한 수가 있겠어요? 우린 그저 곁에 앉아 환자의 손을 꼭 쥐고 있을 뿐입니다. 한동안 그러고 있으면 통증이 차차로 가시기 때문에 간호사들이 교대로 손을 잡아 주지요."
그 말을 듣는 순간 엔도 슈사쿠는 속으로 코웃음을 쳤다.
… 그런데 일 년쯤 후에 엔도 슈사쿠 자신이 무슨 수술인가를 받기 위해 병원에 입원했다. 수술 후 마취가 깨기 시작하면 통증을 견디기가 너무 어렵기 때문에 누구든 자기도 모르게 고함을 지르지 않을 수 없다고 한다. 그 역시 통증을 참지 못해 빨리 다시 마취 주사를 놓아 달라고 소리를 질러댔다. 그러나 중독을 염려한 의사는 그의 부탁을 거절했고, 그는 한층 절망적으로 소리만 지르고 있었는

데, 그런데 그때, 한 간호사가 침대 곁에 앉아 그의 손을 꼭 잡아 주었다. 엔도 슈사쿠는 "그러자 참으로 믿기지 않은 일이지만, 그 지독하던 아픔이 조금씩 가시는 것을 느낄 수 있었다"라고 고백했다.[5]

음식을 잘 먹게 하심으로
엘리야를 회복시켜 주십니다

하나님이 천사를 통해 엘리야에게 떡과 물을 공급해 주십니다. 그에게는 영적 음식보다 육신의 음식이 더 필요했습니다(왕상 19:6-7). 하나님의 진단은 정확합니다. 우리가 탈진 상태에 이를 때마다 하나님은 탈진의 원인을 분별하십니다. 그것이 육신적인 것인지, 정서적인 것인지, 영적인 것인지를 분별해서 가장 정확하게 치유해 주십니다. 엘리야의 문제는 잠이 부족한 것이었습니다. 음식을 먹지 못한 것이었습니다. 성경은 엘리야가 음식물의 힘을 의지해서 하나님의 산 호렙에 이르렀다고 말씀합니다(왕상 19:8).

때로는 영적인 힘이 필요합니다. 때로는 음식물의 힘이 필요합니다. 하나님은 정확한 진단을 통해 우리를 도와주십니다. 엘리야에게는 음식물의 힘이 필요했습니다.

힘이 빠지고 걱정이 앞서고 절망스러우면 충분히 음식을 먹고 적당히 휴식을 취하십시오. 다음 장애물을 넘을 수 있을 정도로 충분

---

5 이승우, 《사막은 샘을 품고 있다》, 복있는사람, 2017, 33쪽.

히 영양을 섭취하고 휴식을 취할 때까지는 모든 일을 그만두고 가만히 계십시오. 기력이 다소 회복될 때까지 지금 있는 그곳에 머무십시오. 하나님은 모두 이해하십니다.⁶

하나님의 세미한 음성을 통해
엘리야를 회복시켜 주십니다

엘리야가 충분히 쉰 후에 하나님의 산 호렙에 이르렀습니다. 거기서 그는 하나님의 세미한 음성을 듣게 됩니다.

> 또 지진 후에 불이 있으나 불 가운데에도 여호와께서 계시지 아니하더니 불 후에 세미한 소리가 있는지라 엘리야가 듣고 겉옷으로 얼굴을 가리고 나가 굴 어귀에 서매 소리가 그에게 임하여 이르시되 엘리야야 네가 어찌하여 여기 있느냐 왕상 19:12-13

엘리야는 하나님의 세미한 음성을 들으면서 다시 회복됩니다. 엘리야가 탈진했을 때 하나님의 음성을 듣기보다는 사람의 음성에 귀를 기울였습니다. 이세벨의 음성이 하나님의 음성보다 더 크게 들렸습니다. 하나님은 우리를 전인적인 존재로 만드셨습니다. 전인적인 존재란 몸과 혼과 영을 가진 존재를 말합니다. 우리의 몸과 혼과 영은 서로 연결되어 있습니다. 몸과 혼과 영은 서로에

---

6 루스 포우크,《우울증 30일 치유법》, 두란노, 2009, 118-119쪽.

게 영향을 끼칩니다. 몸이 약해지면 마음도 약해지고 영도 약해질 수 있습니다.

우리 몸은 하나님의 성령께서 거하시는 성전입니다. 우리 안에 성령님의 불꽃이 늘 타오르고 있습니다. 그런데 우리 몸이 피곤하여 지치게 되면 우리 내면의 불꽃도 영향을 받게 됩니다. 우리 몸이 지쳐 있으면 하나님의 음성보다는 사람의 음성이 더 크게 들립니다. 그런 까닭에 과로를 조심해야 합니다. 피곤을 조심해야 합니다. 피곤으로 인한 낙담과 침체와 절망감을 조심해야 합니다. 우리는 늘 하나님의 음성에 귀를 기울여야 합니다. 그때 우리는 힘을 얻게 됩니다.

새로운 사명을 맡기심으로
엘리야를 회복시켜 주십니다

인간을 움직이는 가장 강력한 힘은 삶의 목적입니다. 의미 있는 목표입니다. 사명감입니다. 엘리야가 침체에 빠졌을 때 그는 그가 성취한 일이 얼마나 중요한지를 망각했습니다. 그가 하는 일의 의미를 상실했습니다. 하나님은 그를 회복시키신 후에 그에게 다시 새로운 사명을 맡기심으로 그를 회복시켜 주십니다.

> 여호와께서 그에게 이르시되 너는 네 길을 돌이켜 광야를 통하여 다메섹에 가서 이르거든 하사엘에게 기름을 부어 아람의 왕

이 되게 하고 너는 또 님시의 아들 예후에게 기름을 부어 이스라엘의 왕이 되게 하고 또 아벨므홀라 사밧의 아들 엘리사에게 기름을 부어 너를 대신하여 선지자가 되게 하라 왕상 19:15-16b

하나님은 하사엘에게 기름을 부어 아람의 왕이 되게 하고, 예후에게 기름을 부어 이스라엘의 왕이 되게 하라고 명하십니다. 또한 엘리사에게 기름을 부어 후계자로 삼으라고 명하십니다. 엘리야에게 다시 한 번 중요한 사명을 맡기심으로 일어서게 하십니다.

좋은 동반자를 붙여 주심으로
엘리야를 회복시켜 주십니다

엘리야는 늘 혼자였습니다. 물론 하나님이 그와 동행하셨지만 그에게는 좋은 동반자가 필요했습니다. 엘리야의 곁에는 사환이 있었습니다. 하지만 엘리야의 사환은 그와 삶을 함께 나눌 수 있는 좋은 동반자가 아니었습니다. 하나님은 엘리야의 곁에 좋은 동반자가 필요한 것을 아셨습니다. 그런 까닭에 하나님은 엘리사를 그의 후계자로 정하시고, 그와 동행하도록 도와주십니다.

사밧의 아들 엘리사에게 기름을 부어 너를 대신하여 선지자가 되게 하라 왕상 19:16b

혼자 일하지 않도록 하십시오. 하나님이 원하시는 것은 더불어 일하는 것입니다. 예수님은 제자들과 함께 일하셨습니다. 예수님은 아름다운 공동체를 세우시는 일에 헌신하셨습니다. 혼자 일하면 힘이 들지만 함께 일하면 덜 힘이 듭니다. 더 많은 일들을 감당할 수 있습니다.

하나님은 침체라는 흑암을 통해
보석을 만들어 내십니다

영적 침체와 우울증을 경험하는 것은 결코 기분 좋은 경험이 아닙니다. 저는 육신적인 탈진의 경험과 영적 침체와 우울증이 얼마나 고통스러운지 경험해 보았습니다. 하지만 하나님께 우리의 문제를 맡기면 하나님은 그 문제를 통해 놀라운 기적을 만들어 내십니다. 이것이 고통의 역설입니다.

> 네게 흑암 중의 보화와 은밀한 곳에 숨은 재물을 주어 네 이름을 부르는 자가 나 여호와 이스라엘의 하나님인 줄을 네가 알게 하리라 사 45:3

아무리 주의해도 우리는 가끔 침체 속에 빠져들게 됩니다. 마치 원하지 않은 폭풍우가 찾아오는 것처럼, 원치 않는 소나기가 찾아오는 것처럼 침체가 찾아옵니다. 영혼의 어두운 밤이 찾아오니다. 하지만 너무 낙심하지 마십시오. 엘리야도 흑암을 통과한 후에 더욱 놀라운 은혜를 경험하게 됩니다. 새로운 안목을 갖게 됩니다. 그는 흑암을 통과하기 전까지는 바알에게 무릎을 꿇지 않은 7천 명의 남은 자가 있다는 사실을 알지 못했습니다. 또한 그의 남은 생애에 아주 중요한 사명이 기다리고 있음을 알지 못했습니다.

우리는 흑암을 터부시하는 경향이 있습니다. 그러나 그곳에서도 보물이 나옵니다. … 그것은 표면에 드러나 있어 누구나 보고 취할 수 있는 것이 아니라 땅속 깊이 흑암 가운데 묻혀 있습니다. 그것이 처음 채굴됐을 때는 사람들의 마음을 사로잡지도 못하고 가치도 없어 보입니다. … 하지만 심혈을 기울여 그것을 세공하고 나면 그것은 반짝거리며 빛나는 귀한 보석이 됩니다. 이렇게 보석이 되는 돌들은 때로 흑암 속에서 압력이 가하여 생성됩니다.
다이아몬드가 가장 잘 알려진 예입니다. … 당신은 우울증으로 인해 완전히 소망을 상실해 버려 다시는 회복할 수 없을 것처럼 느껴지기도 할 것입니다. 그러나 용기를 내십시오. 바로 그런 절망의 압박 중에 내면에서는 보석이 형성되고 있습니다. 압박이 가해지는 동안에는 비록 볼 수도, 느낄 수도, 혹은 사실이라고 믿을 수조차 없겠지만, 부귀함이 그 자태를 드러내기 위해 기다리고 있습니다.[7]

---

7 루스 포우크, 앞의 책, 24-25쪽.

정기적인 안식은 재충전을 하게 한다

하나님이 안식일을 정하신 것은 정기적으로 재충전하는 시간을 갖게 하시기 위함입니다. 때로 하나님은 우리에게 탈진을 경험하게 하십니다. 고통스런 경험을 통해 재충전의 중요성을 가르쳐 주십니다. 때로 하나님은 우리를 아프게 하십니다. 그래서 오히려 우리가 충분히 쉴 수 있게 하십니다. 하나님의 음성을 듣게 하십니다. 우리에게 정기적으로 안식을 누리며 재충전하는 시간을 갖게 하십니다.

> 삶의 충만함은 단번에 이뤄지지 않는다. 충만함을 경험하려면, 우리의 영적 연료통을 정기적으로 더 많이 채워야 한다.
> … 예수님은 우리에게 가장 중요한 부분이 영혼임을 우리가 알기 원하셨다. 우리는 영혼을 귀하게 여기고, 양분을 공급해 주며, 돌봐 주어야 한다.
> … 재충전은 영원한 나라를 위해 하나님이 우리에게 맡기신 일들을 행하도록 우리를 준비시키는 방식이기도 하다(마 25:14-30 참고). 재충전함으로 우리는 영적 자산을 비축하게 된다. 하나님의 임재 안에 영원히 거하는 천국에서도 영원히 남게 된다.[8]

---

8 덕 필즈, 《재충전》, 아가페, 2009, 43-49쪽.

예수님은 정기적으로 재충전하는 시간을 가지셨습니다. 하나님의 음성을 들으시는 중에 내면의 불꽃이 지속적으로 불타오르도록 내면의 불꽃을 가꾸셨습니다. 우리는 육신적으로나 정서적으로나 영적으로 내면의 불꽃을 잘 가꿈으로써 에너지가 늘 충만할 수 있도록 해야 합니다. 에너지를 충분히 채우면서 일하는 것이 지혜입니다. 에너지가 완전히 소진되지 않도록 정기적으로 채워야 합니다. 어떤 사람은 육적으로는 잘 쉬어 주어 에너지가 넘치지만 영적으로는 소진된 상태에서 사는 것을 봅니다. 게일 맥도날드(Gail MacDonald)는 내면에 있는 불씨를 돌보는 일을 소중하게 여기라고 말합니다.

> 불꽃이 타오르는 것을 결정하는 중요한 비밀은 우리의 선택 안에 있다. 그 선택이란 그 불씨를 돌보고 계속 타오르도록 지키겠다는 결심을 말하는 것이다. 만일 불꽃이 밝고 환하게 피어난다면, 우리는 제자들의 목회 경험을 함께하는 것이다. 만일 불씨가 사그라져 버린다면, 인생은 점차적으로 냉냉하게 변해갈 것이며 그렇게 되면 신앙의 허약함과 그에 따른 혼돈의 상태가 오고 말 것이다.[9]

우리 내면에는 불꽃이 타오르고 있습니다. 그 불꽃이 타오르게 하는 불씨는 하나님께로부터 옵니다. 그런 까닭에 우리는 하나

---

9 게일 맥도날드, 《열정적인 사역자입니까》, 하늘사다리, 1996, 20쪽.

님을 가까이해야 합니다. 안식을 통해 우리는 육신을 쉬게 해 주어야 합니다. 또한 우리 영혼이 하나님의 불씨를 통해 더욱 밝게 빛나도록 해야 합니다. 불을 피우는 일은 우리 내면의 일입니다. 그 일을 소홀히 하지 않도록 하십시오. 하나님이 주시는 불 없이 일하는 것은 위험합니다.

지혜로운 사람은 매일 재충전하는 시간을 갖습니다. 또한 일주일에 한 번은 충분히 재충전하는 시간을 갖습니다. 그것이 주님 안에서 안식하는 주일입니다. 하나님을 앙망하면서 기다리는 시간이 안식의 시간입니다. 그때 우리는 새 힘을 공급받게 됩니다.

주님의 불가에 정기적으로 다가가십시오. 주님의 불꽃 곁에서 기운을 얻으십시오. 주님의 불꽃을 통해 우리 내면의 불꽃이 더욱 활활 타오르게 하십시오. 소진되지 않은 채 사역할 수 있도록 재충전하는 시간을 정기적으로 가지십시오. 때로 전심으로 일하는 중에 소진 상태에 이르렀다면 잠시 모든 것을 내려놓고 충분히 재충전하는 시간을 갖으십시오.

기억하십시오. 우리는 하나님이 아닙니다. 유한한 인간입니다. 우리는 날마다 재충전해야 합니다. 일주일에 한 번은 충분히 재충전해야 합니다. 하나님은 재충전을 통해 우리가 하나님을 깊이 만나고, 우리의 몸과 혼과 영이 힘을 얻기를 원하십니다. 하나님은 좋으신 하나님입니다. 그분을 의지하는 모든 사람들에게 힘을 더해 주시며, 탈진으로 힘들어 하는 사람들에게는 회복의 은혜를 베풀어 주십니다. 그러므로 하나님을 신뢰하십시오. 하나님을 늘 가까이하십시오. 그것이 최상의 복입니다.

> 하나님께 가까이함이 내게 복이라 내가 주 여호와를 나의 피난처로 삼아 주의 모든 행적을 전파하리이다 시 73:28

우리는 엘리야의 사건을 통해 우리 주님의 영광을 보게 됩니다. 하나님은 엘리야에게 천사를 보내셔서 떡과 물을 제공해 주셨습니다. 그를 어루만짐으로 치료해 주셨습니다. 하지만 하나님은 우리를 위해 예수님을 보내 주셨습니다.

예수님은 생명의 떡과 생수를 우리에게 주시는 분입니다. 예수님은 자신의 살과 피까지 내어 주시는 분입니다. 예수님은 성령님의 불을 보내 주시는 분입니다. 예수님은 친히 우리를 어루만지심으로 우리의 병을 고쳐 주시고, 쓰러진 우리를 일으켜 주시는 분입니다. 예수님은 우리의 치유자이십니다. 우리의 회복자이십니다. 우리의 위로자이십니다.

엘리야는 로뎀 나무 아래 앉아 안식했습니다. 우리는 예수님의 십자가 나무 아래 앉아 안식할 수 있습니다. 그때 우리는 회복을 경험합니다. 이 세상 누구도 우리에게 진정한 안식을 주지 못합니다. 오직 예수님만이 우리에게 참된 안식을 제공해 주십니다. 그러므로 늘 십자가를 가까이하십시오. 예수님이 주시는 생명의 떡과 생수를 받아먹으십시오. 주님이 주시는 참된 안식을 통해 두려움을 몰아내십시오. 예수님의 사랑에는 두려움이 없습니다. 주님이 주시는 평강을 통해 큰 복을 누리고 하나님이 맡겨 주신 사명을 잘 감당하기를 바랍니다.

6

안식과 피난처

시 62:1-12

인생에 폭풍이 불 때

우리는 가끔 예기치 않았던 폭풍을 만나게 됩니다. 광풍을 만나게 됩니다. 폭풍과 광풍은 아주 거센 바람을 의미합니다. 갑자기 무섭게 일어나는 바람을 의미합니다. 바람이 거세게 불 때 우리는 흔들리게 됩니다.

다윗도 가끔 폭풍과 광풍을 만나 흔들리곤 했습니다. 시편 62편은 다윗이 쓴 시입니다. 그의 인생에 폭풍이 찾아왔을 때 불렀던 노래입니다. 시편 62편은 여두둔의 법칙에 따라 부르는 노래로 되어 있습니다. 여두둔은 다윗이 성전에서 찬양대와 악사로 봉사하던 3대 인도자 중 한 사람입니다. 다윗은 아삽, 헤만, 여두둔을 세워 각종 현악기와 타악기를 연주하면서 하나님을 찬양하게 했습니다(대상 25:1-3; 대하 35:15).

> 다윗이 군대 지휘관들과 더불어 아삽과 헤만과 여두둔의 자손 중에서 구별하여 섬기게 하되 수금과 비파와 제금을 잡아 신령한 노래를 하게 하였으니 그 직무대로 일하는 자의 수효는 이러하니라 대상 25:1

시편 62편은 시이면서, 기도이면서, 또한 노래입니다. 이 짧은 시 속에서 다윗이 어떤 상황에 처해 있는지를 알 수 있습니다. 이시는 그의 아들 압살롬이 반란을 일으켜 곤경에 처했을 때 하나님을 바라보며 쓴 것입니다.

> 넘어지는 담과 흔들리는 울타리같이 사람을 죽이려고 너희가 일제히 공격하기를 언제까지 하려느냐 그들이 그를 그의 높은 자리에서 떨어뜨리기만 꾀하고 거짓을 즐겨 하니 입으로는 축복이요 속으로는 저주로다(셀라) 시 62:3-4

다윗은 자신을 넘어지는 담과 흔들리는 울타리 같은 사람으로 여기고 있습니다. 그는 넘어졌습니다. 그는 흔들렸습니다. 그는 높은 자리에서 떨어졌습니다. 그는 시므이의 저주를 들으면서 피신을 갔습니다. 거센 광풍이 다윗을 넘어뜨리려 합니다. 흔들리게 만듭니다. 폭풍이 불면 모든 것이 흔들립니다. 인생의 바람이 불면 흔들리지 않을 사람이 없습니다. 비행기를 탈 때 가끔 좋지 않은 기류를 만나면 비행기가 심하게 흔들립니다. 그와 같이 우리 인생에서도 흔들릴 때가 있습니다. 그때 우리는 하던 일을 잠시 멈추어야 합니다. 모든 것을 잠시 내려놓아야 합니다. 그리고 피난처를 찾아야 합니다. 시편 55편에도 다윗이 흔들리는 모습이 나옵니다.

> 이는 원수의 소리와 악인의 압제 때문이라 그들이 죄악을 내게

> 더하며 노하여 나를 핍박하나이다 내 마음이 내 속에서 심히 아
> 파하며 사망의 위험이 내게 이르렀도다 두려움과 떨림이 내게
> 이르고 공포가 나를 덮었도다 시 55:3-5

두려움과 떨림 그리고 공포가 거센 바람처럼 그를 덮고 휘몰아칠 때 그가 찾았던 것은 피난처입니다(시 55:8). 시편 62편에서도 다윗은 두 번이나 피난처에 대해 언급하고 있습니다.

> 나의 구원과 영광이 하나님께 있음이여 내 힘의 반석과 피난처
> 도 하나님께 있도다 백성들아 시시로 그를 의지하고 그의 앞에
> 마음을 토하라 하나님은 우리의 피난처시로다(셀라) 시 62:7-8

피난처는 폭풍과 광풍을 피할 수 있는 곳입니다. 그런데 다윗은 놀랍게도 하나님이 그의 피난처가 되신다고 고백합니다. 어떤 안전한 장소보다 하나님이 그의 피난처가 되신다고 노래하고 있습니다. 하나님은 다윗의 피난처가 되셨습니다. 하나님은 우리의 피난처가 되십니다.

하나님을 피난처로 삼은 사람

다윗은 시편에서 자주 하나님이 그의 피난처가 되심을 노래했습니다. 그렇다면 피난처는 어떤 곳일까요?

피난처는 하나님이 함께하시는 안전한 곳입니다

오직 그만이 나의 반석이시요 나의 구원이시요 나의 요새이시니 내가 크게 흔들리지 아니하리로다 시 62:2

다윗은 은유와 비유를 통해 피난처를 다양한 언어로 묘사하고 있습니다. 다윗은 반석, 구원, 요새라는 단어를 사용하고 있습니다. 반석이라는 단어는 히브리어로 '추르'입니다. '추르'는 '바위, 암벽, 낭떠러지'라는 뜻입니다. 히브리어에서 이 단어는 적이 올라올 수 없는 암벽이나 낭떠러지 꼭대기에 있는 반석을 의미합니다. 원수들의 공격으로부터 다윗을 지켜 주는 요새와 같은 곳입니다. 요새라는 말은 적군의 어떤 공격에도 안전할 수 있도록 만들어 놓은 시설을 의미합니다. 다윗은 하나님을 산성이라고 노래합니다.

내게 귀를 기울여 속히 건지시고 내게 견고한 바위와 구원하는 산성이 되소서 시 31:2

산성은 높은 곳에 위치해 있습니다. 그래서 대적이 가까이하기 어려운 장소입니다. 다윗은 하나님이 흔들리지 않는 반석과 요새와 산성처럼 자기를 구원해 주시고, 보호해 주신다는 사실을 믿고 있습니다. 그는 광풍에 잠시 흔들렸지만 하나님이 예비하신 피난처에서 크게 흔들리지 않은 채 평안을 누리고 있는 것을 보게 됩니다.

피난처는 잠시 피하여 숨는 은밀한 곳입니다

> 내가 피할 나의 반석의 하나님이시요 나의 방패시요 나의 구원의 뿔이시요 나의 높은 망대시요 그에게 피할 나의 피난처시요 나의 구원자시라 나를 폭력에서 구원하셨도다 삼하 22:3
>
> 나는 주의 힘을 노래하며 아침에 주의 인자하심을 높이 부르오리니 주는 나의 요새이시며 나의 환난 날에 피난처심이니이다
> 시 59:16

피난처는 피신처입니다. 인생에 광풍이 불어올 때 우리는 그 광풍을 피해야 합니다. 어느 정도 바람은 견딜 수 있고 맞설 수 있습니다. 하지만 회오리바람처럼 몰아쳐 오는 거센 광풍의 때에는 모든 것을 멈추고 잠시 피해야 합니다. 이때는 수동태가 되어야 합니다. 아무것도 할 수 없을 때는 가만히 있어야 합니다. 형통

할 때는 우리가 능동태가 됩니다. 하지만 환난 날에는 수동태가 되어야 합니다.

피난처는 은밀한 곳입니다. 피난처는 대적이 잘 발견할 수 없는 곳입니다. 비밀스러운 곳입니다. 그래서 안전합니다. 하나님은 우리를 비밀스러운 곳, 은밀한 곳에 숨겨 주십니다(시 27:5).

피난처는 안식하며 힘을 얻는 곳입니다

> 나의 구원과 영광이 하나님께 있음이여 내 힘의 반석과 피난처도 하나님께 있도다 시 62:7

다윗은 "내 힘의 반석과 피난처도 하나님께 있도다"라고 노래합니다. 환난을 만나거나 공격이 심해질 때 우리가 느끼는 것은 무력감입니다. 두려움과 피곤이 엄습해 오는 것을 경험합니다. 그때 필요한 것이 힘입니다. 인생이라는 전쟁에서 싸울 때 정말 경계해야 할 것이 피곤과 낙심입니다. 우리는 피곤하고 낙심할 때 피난처를 찾아 새 힘을 얻어야 합니다. 투우장에서 소는 지칠 때 잠시 멈추어 새 힘을 얻는 장소를 찾는다고 합니다. 우리는 투우장의 소를 통해 피난처에서 안식하는 법을 배워야 합니다. 류시화 시인의 책에 이런 내용이 나옵니다.

투우장 한쪽에는 소가 안전하다고 느끼는, 사람들에게는 보이지 않는 구역이 있다. 투우사와 싸우다가 지친 소는 자신이 정한 그 장소로 가서 숨을 고르며 힘을 모은다. … 그곳에 있으면 소는 더 이상 두렵지 않다. 소만 아는 그 자리를 스페인어로 퀘렌시아(Querencia)라고 부른다. 피난처, 안식처라는 뜻이다.

… 투우장의 퀘렌시아는 처음부터 정해져 있는 것이 아니다. 투우가 진행되는 동안 소는 어디가 자신에게 가장 안전한 장소이며 숨을 고를 수 있는 자리인지를 살핀다. 그리고 그 장소를 자신의 퀘렌시아로 삼는다. 투우사는 소와의 싸움에서 이기려면 그 장소를 알아내어 소가 그곳으로 가지 못하게 막아야 한다. 투우를 이해하기 위해 수백 번 넘게 투우장을 드나든 헤밍웨이는 "퀘렌시아에 있을 때 소는 말할 수 없이 강해져서 쓰러뜨리는 것이 불가능하다"라고 썼다.[1]

소는 본능적으로 피난처를 알아보고, 기운을 되찾기 위해 피난처를 찾아갑니다. 바로 그 피난처가 스페인어로 '퀘렌시아'입니다. 그렇다면 우리의 퀘렌시아는 어디일까요? 우리의 퀘렌시아, 피난처는 하나님이십니다. 피난처 되시는 하나님의 품에 안길 때 우리는 힘을 얻게 됩니다. 우리의 대적은 이 사실을 알기 때문에 하나님께 나아가지 못하게 합니다. 하나님을 의지하지 못하게 합

---

[1] 류시화,《새는 날아가면서 뒤돌아보지 않는다》, 더숲, 2017, 13-15쪽.

니다. 우리는 대적과 싸워 이기기 위해 피난처 되시는 하나님께 나아가 힘을 얻어야 합니다.

피난처에서 잠잠히 하나님을 앙망하면 우리는 힘을 얻게 됩니다. 폭풍을 만날 때 조심할 것이 있습니다. 그것은 폭풍을 바라보는 것입니다. 원수와 대적을 바라보는 것입니다. 그렇게 되면 낙심하게 됩니다. 흔들리게 됩니다.

믿음은 시각과 관련되어 있습니다. 무엇을 바라보며, 누구를 바라보느냐와 밀접한 관련이 있습니다. 다윗은 폭풍과 광풍을 잠시 바라보았습니다. 그때 그는 흔들리는 것을 경험했습니다. 다윗은 흔들리는 중에 그의 눈길을 광풍에서 떼어 하나님께 고정시켰습니다. 하나님은 우리가 어떤 상황에서도 하나님을 바라보기 원하십니다. 하나님께 와서 피하길 원하십니다.

나의 영혼이 잠잠히 하나님만 바람이여 나의 구원이 그에게서 나오는도다 시 62:1

다윗은 잠잠히 하나님만 바라보았습니다. 하나님 안에서 조용히 안식했습니다. 그는 잠잠히 하나님을 앙망했습니다. 우리는 하나님을 앙망할 때 영혼이 고요해지는 것을 경험합니다. 그때 우리는 놀라운 힘을 얻게 됩니다. 고요함은 큰 능력입니다. 인생은 능력의 문제입니다. 우리는 어려움을 당하게 되면 하나님보다는 눈에 보이는 것들을 의지하려고 합니다. 권력이나 재물을 의지하려고 합니다. 다윗은 권력이나 재물의 힘을 아는 사람입니다. 그는 권력을 가진 사울의 공격을 받아본 사람입니다. 또한 그의 아들 압살롬이 다윗 왕의 자리를 빼앗아 그를 흔들고 있습니다. 그렇게 흔들리는 상황에서도 그는 포악한 세상의 권력이나 덧없는 재물을 의지하지 않기로 작정합니다(시 62:9-10).

그는 참된 능력이 하나님께 속해 있으며, 하나님께로부터 온다고 노래합니다.

> 하나님이 한두 번 하신 말씀을 내가 들었나니 권능은 하나님께 속하였다 하셨도다 시 62:11

권능은 하나님께 속해 있습니다. 우리는 힘을 얻기 위해 힘의 원천 되시는 하나님께 나아가야 합니다. 하나님을 앙망해야 합니다. 그때 우리는 놀라운 새 힘을 얻게 됩니다(사 40:31).

피난처는 소망을 품고 기다리는 곳입니다

다윗은 압살롬의 반역으로 왕좌에서 내려올 때 흔들렸습니다. 하지만 하나님을 피난처로 삼아 그분을 바라보았을 때 회복의 소망을 품을 수 있었습니다.

그런 까닭에 그는 하나님의 구원과 영광을 노래합니다.

> 나의 영혼아 잠잠히 하나님만 바라라 무릇 나의 소망이 그로부
> 터 나오는도다 … 나의 구원과 영광이 하나님께 있음이여 내 힘
> 의 반석과 피난처도 하나님께 있도다 시 62:5-7

구원이라는 것은 기가 막힐 수렁에서 건져 내는 것입니다. 영광이란 승리를 의미합니다. 빼앗겼던 것을 다시 찾는 것을 의미합니다. 다윗은 압살롬에게 빼앗긴 왕위를 회복하는 영광을 꿈꾸고 있습니다. 회복의 영광을 소망하고 있습니다. 피난처는 높은 곳에 위치해 있습니다. 높은 산성, 높은 요새, 높은 낭떠러지 위에 위치해 있습니다. 소망은 하나님과 함께 높은 곳에서 인생 전체를 보고, 하나님이 인도하시는 장래를 바라볼 때 생깁니다. 우리는 소망을 얻기 위해 피난처를 찾습니다. 또한 소망을 갖게 될 때 놀라운 위로를 받게 됩니다. 히브리서 기자는 우리가 소망을 얻으려고 피난처를 찾는다고 말합니다.

> 이는 하나님이 거짓말을 하실 수 없는 이 두 가지 변하지 못할 사
> 실로 말미암아 앞에 있는 소망을 얻으려고 피난처를 찾은 우리
> 에게 큰 안위를 받게 하려 하심이라 히 6:18

우리를 움직이는 가장 강력한 힘은 소망입니다. 소망을 품으면 우리는 어떤 환난도 견딜 수 있습니다. 하나님은 소망의 하나

님이십니다(롬 15:13). 조지 모리슨(George Herbert Morrison)은 신약성경이 소망으로 가득 찬 책이라고 강조합니다.

> 신약성경은 소망으로 가득 찬 책이라는 사실을 기억해야 한다. 그 안에는 소망이 끓어오르고 있다. 소망의 승리를 증언하고 있다. 신약성경을 읽으면 그 안에 있는 승리의 노래가 멀리서 내 귀에 들려온다. 신약은 어린양의 보좌에 오르신 장면을 증언하는 계시록으로 끝을 맺는다.[2]

그는 요한계시록의 마지막에서 어린양 예수 그리스도의 궁극적인 승리를 보고 있습니다. 그 승리 안에서 소망을 품고 있습니다.

우리의 피난처, 예수 그리스도

우리는 다윗이 쓴 시편을 통해 예수님을 만납니다. 다윗의 시를 읽을 때마다 기쁨이 충만해지는 까닭은 그의 시를 통해 예수님을 만나기 때문입니다. 시편 62편에서 다윗은 장차 오실 그리스도를 노래합니다. 그분이 피난처가 되심을 노래합니다. 그는 그리스도 안에서 그리스도를 향해 노래했습니다. 다윗은 그리스도를

---

[2] 조지 모리슨, 《내 마음의 하이웨이》, 두란노, 2001, 80쪽.

향해 기도하고 있었던 것입니다.

다윗은 시편 62편에서 그리스도가 주실 구원과 영광과 힘을 노래합니다. 본회퍼는 시편을 아주 중요하게 여겼습니다. 그 이유인즉슨 다윗이 그리스도의 예표이며, 그리스도 안에서 그리스도를 바라보며 시를 썼기 때문입니다.

> 다윗은 자신의 직분과 삶, 그리고 자신의 언어로 그리스도를 증거했습니다. 신약도 이것을 말하고 있습니다. 다윗이 시편에서 이미 약속된 그리스도 자신이(히 2:12, 10:5), 또는 성령이 말씀하십니다(히 3:7). 다윗이 말하는 것과 똑같은 말을 다윗 안에서 미래의 메시아가 말씀하셨습니다. 다윗의 기도는 그리스도가 다윗과 함께 기도한 것입니다. 아니, 오히려 그리스도 자신이 직접 그의 선임자 다윗 안에서 기도한 것이라고 말할 수 있습니다.[3]

구약성경은 장차 오실 예수님이 우리의 피난처가 되실 것을 예언하고 있습니다. 시편과 함께 이사야의 말씀을 읽어 보면 그 사실을 더욱 분명히 알 수 있습니다.

> **보라 장차 한 왕이 공의로 통치할 것이요 방백들이 정의로 다스릴 것이며** 사 32:1

---

3 디트리히 본회퍼, 《본회퍼의 시편 이해》, 홍성사, 2007, 24쪽.

장차 한 왕이 공의로 통치한다는 말씀은 예수 그리스도를 의미합니다. 이사야 32장을 보면 예수님이 어떻게 우리의 피난처가 되시는지 알 수 있습니다.

> 또 그 사람은 광풍을 피하는 곳, 폭우를 가리는 곳 같을 것이며
> 마른 땅에 냇물 같을 것이며 곤비한 땅에 큰 바위 그늘 같으리니
> 사 32:2

예수님은 광풍을 피하는 곳, 폭우를 가리는 곳과 같이 우리의 피난처가 되십니다. 환난을 당할 때 예수님께 피하십시오. 그곳이 가장 안전합니다. 예수님은 안전하게 우리를 지켜 주십니다.

예수님은 마른 땅의 냇물 같습니다. 마른 땅은 사막을 의미합니다. 사막은 뜨겁습니다. 사막은 메마른 땅입니다. 사막에는 폭양이 강렬합니다. 사막은 쉽게 우리를 지치게 만듭니다. 사막에서 지친 사람이 갈망하는 곳은 오아시스입니다. 오아시스에 가면 쉴 수 있는 그늘과 마실 수 있는 물이 있습니다.

예수님은 폭양을 피하는 그늘이 되십니다

이사야는 예수님을 곤비한 땅에 큰 바위 그늘 같다고 예언합니다. 곤비한 사람은 안식할 장소가 필요합니다. 그곳은 시원함을 제공해 주는 그늘 아래입니다.

> 곤비한 땅에 큰 바위 그늘 같으리니 사 32:2b

그는 또한 예수님을 폭양을 피하는 그늘이라고 말합니다.

> 주는 포학자의 기세가 성벽을 치는 폭풍과 같을 때에 빈궁한 자의 요새이시며 환난당한 가난한 자의 요새이시며 폭풍 중의 피난처시며 폭양을 피하는 그늘이 되셨사오니 사 25:4

피난처에는 그늘이 있습니다. 이 그늘은 폭양을 피하는 그늘입니다. 폭양은 뜨겁게 내리쬐는 햇빛을 의미합니다. 성경은 하나님이 우리에게 안식을 주실 때 그늘 아래서 보호해 주심을 강조합니다. 하나님은 그의 날개 그늘 아래서 우리를 쉬게 하십니다. 성경은 여러 가지 은유를 통해 하나님이 우리의 그늘이 되심을 알려 줍니다. 그중에 하나가 "주의 날개 그늘 아래"(시 17:8, 36:7)입니다. 하나님의 날개 아래에는 그늘이 있습니다. "주의 날개 그늘"이라는 말씀을 대하면 지성소에 있는 속죄소의 두 그룹의 천사와 날개를 떠올리게 됩니다.

> 그룹들은 그 날개를 높이 펴서 그 날개로 속죄소를 덮으며 그 얼굴을 서로 대하여 속죄소를 향하게 하고 출 25:20

하나님은 지성소의 은혜의 보좌 위에 있는 두 그룹의 천사의 날개 사이에서 말씀하셨습니다. 그런 까닭에 이스라엘 백성들에게 있어서 주의 날개 그늘은 지성소 안의 하나님의 임재를 생각하게 만듭니다. 또한 그 은밀한 처소, 그 은밀한 성소, 그 은밀한 하나님의 집, 그 은밀한 하나님의 임재를 생각나게 만듭니다. 지성소는 오직 하나님의 영광의 광채가 있습니다. 그 광채 아래 있는 두 날개 그늘을 피난처로 생각했습니다.

조지 모리슨은 하나님은 날개 그늘 아래서 우리를 보호하실 뿐만 아니라 그 날개 아래는 손이 있다는 사실을 강조합니다. 에스겔이 환상에서 본 날개는 성막의 지성소에 있는 날개가 아닙니다. 하지만 에스겔이 본 환상에서 날개 밑에 사람의 손이 있다는 것은 우리에게 소중한 깨달음을 줍니다.

> 그 사방 날개 밑에는 각각 사람의 손이 있더라 그 네 생물의 얼굴과 날개가 이러하니 겔 1:8

그는 날개 밑에 있는 사람의 손을 인자 되시는 예수님의 손과 연결시킵니다.[4] 또한 그는 날개 아래 있는 손은 인자의 손, 즉 우리 주님의 손이라고 말합니다. 예수님의 손이 함께할 때 진정한 안식이 있었음을 강조합니다. 예수님의 손이 함께할 때 하나님의

---

4 조지 모리슨, 앞의 책, 254쪽.

안식이 동시에 임했습니다. 병은 떠나갔습니다. 고통도 떠나갔습니다. 그리고 안식과 평강이 임했습니다.

예수님은 그의 손 그늘 아래서
우리를 보호해 주십니다

하나님 아버지의 손이 가장 안전합니다. 예수님과 하나님 아버지의 손 안에 있는 자를 누구도 빼앗을 수 없습니다(요 10:28-29). 하나님은 우리를 보호하시되 그의 손 그늘 아래서 보호하십니다.

> 내 입을 날카로운 칼같이 만드시고 나를 그의 손 그늘에 숨기시며
> 나를 갈고 닦은 화살로 만드사 그의 화살통에 감추시고 사 49:2

그늘이라는 단어의 이미지는 양면성을 가지고 있습니다. 부정적인 이미지와 긍정적인 이미지가 동시에 공존하는 것입니다. 예를 들어 그늘진 얼굴 하면 어두운 얼굴을 의미하고, 고통 속에 살고 있는 사람의 얼굴을 뜻합니다. 긍정적인 이미지로서의 그늘은 쉼의 장소입니다. 폭양을 피해 쉴 수 있는 시원한 장소입니다. 유쾌한 장소입니다. 상쾌한 장소입니다.

하나님이 우리를 손 그늘에 숨기실 때 우리 인생에 그늘이 지는 것을 경험합니다. 하지만 하나님의 손 그늘 안에 있으면 그 그늘이 우리에게 축복의 그늘이 됩니다. 하나님은 때로 우리를 그늘

속으로 인도하십니다. 우리 인생에 그늘이 깃들면 우리는 모든 것을 하나님 앞에 내려놓아야 합니다. 모든 것을 하나님께 맡기고 수동태가 되어야 합니다. 하나님이 우리 인생을 그늘지게 하실 때 우리에게 그늘이 필요함을 깨닫고 오히려 감사해야 합니다. 그늘 아래 거하면서 하나님을 전적으로 의지해야 합니다.

피난처에 머물 동안에는 수동태가 되어야 함을 잊지 마십시오. 하지만 수동태가 되어 기다리는 동안 놀라운 하나님의 역사가 이루어지는 것을 잊지 말아야 합니다. 마르틴 루터(Martin Luther)가 종교 개혁을 할 당시 그에게 예측하지 못한 일이 순식간에 벌어집니다. 독일의 한 성에 감금된 것입니다. 하지만 나중에 그는 바로 그곳이 하나님의 손 그늘이었음을 깨닫게 됩니다. 하나님은 그의 손 그늘 아래서 그를 보호하셨던 것입니다. 그 그늘 아래서 그는 수동태가 되었지만 그곳에서 더욱 힘을 얻었고, 견고히 무장할 수 있었습니다.

하나님은 우리를 그의 손 그늘 아래 숨겨 두실 때가 있습니다. 하나님이 숨겨 두시는 동안에 우리는 하나님을 잘 이해할 수 없어 안타까워합니다. 그 기간은 고립의 기간입니다. 격리의 기간입니다. 하지만 바로 그 기간을 통해 하나님은 놀라운 일을 이루십니다. 하나님은 피난처에서 우리를 위해 놀라운 계획을 전개하십니다. 그늘하면 생각나는 시가 있습니다. 정호승 시인의 '내가 사랑하는 사람'이라는 시입니다.

내가 사랑하는 사람 _정호승

나는 그늘이 없는 사람을 사랑하지 않는다
나는 그늘을 사랑하지 않는 사람을 사랑하지 않는다
나는 한 그루 나무의 그늘이 된 사람을 사랑한다
햇빛도 그늘이 있어야 맑고 눈이 부시다
나무 그늘에 앉아
나뭇잎 사이에 반짝이는 햇살을 바라보면
세상은 그 얼마나 아름다운가
나는 눈물이 없는 사람을 사랑하지 않는다.
나는 눈물을 사랑하지 않는 사람을 사랑하지 않는다.
나는 한 방울 눈물이 된 사람을 사랑한다.
기쁨도 눈물이 없으면 기쁨이 아니다.
사랑도 눈물 없는 사랑이 어디 있는가
나무 그늘에 앉아
다른 사람의 눈물을 닦아 주는 사람의 모습은
그 얼마나 고요한 아름다움인가

하나님은 우리를 손 그늘 아래 숨기십니다. 그 그늘 아래서 우리의 눈물을 닦아 주시고, 우리의 상처를 치유해 주시며 충분히 안식하도록 도와주십니다. 그 그늘 아래서 우리를 위로해 주십니다.

예수님은 마른 땅에 흐르는 냇물처럼
우리를 만족하게 하십니다

예수님은 우리를 피난처로 인도하셔서 생수를 공급해 주십니다. 마른 땅을 걸어가는 사람에게는 물이 정말 중요합니다. 다윗은 젊은 때에 광야와 사막에서 사울 왕의 추격을 받았습니다. 그 마른 땅에서 물이 얼마나 중요한가를 경험했습니다. 마른 땅에서 마시는 생수는 참된 만족을 줍니다. 마른 땅에서 물은 곧 생명입니다. 사막에서 물이 없다면 그것은 죽음을 의미합니다.

> 하나님이여 주는 나의 하나님이시라 내가 간절히 주를 찾되 물이 없어 마르고 황폐한 땅에서 내 영혼이 주를 갈망하며 내 육체가 주를 앙모하나이다 시 63:1

예수님이 마른 땅의 냇물이 되신다는 것은 예수님의 충만함을 의미합니다. 예수님의 풍성함을 의미합니다. 냇물은 졸졸거리며 떨어지는 물방울이 아닙니다. 냇물은 흘러넘치는 물입니다. 조나단 에드워즈는 이 사실을 다음과 같이 기록했습니다.

> 그리스도를 냇물이라고 말한 것은, 그 안에서 궁핍하고 갈망하는 영혼을 만족시켜 주는 충만하고 풍성한 것이 주어지기 때문입니다. 사람이 지극히 목이 마를 때는 졸졸거리며 떨어지는 물방울로

는 해갈을 하지 못합니다. 그러나 강물로 나올 때 그는 거기서 넉넉한 것을 발견하게 되고, 거기서 마음껏 마시게 됩니다. 그리스도는 강과 같습니다. … 그리스도는 항상 흘러넘치는 샘이십니다. 그는 계속해서 당신 백성들을 위해 필요한 은혜를 공급하십니다. 그 샘은 소진되지 않습니다. 그리스도를 의지하는 사람들은 그리스도로부터 영원토록 새로운 것을 공급받습니다. 그들은 갈수록 새로운 복락을 더 누리게 되며, 언제나 새롭고, 끝없이 이어질 복락을 더 누릴 수 있습니다.[5]

예수님이 제공해 주시는 냇물을 마신 사람은 새로운 차원 속으로 들어갑니다. 그 영혼은 예수님의 생명수 안에서 만족합니다. 이제 세상이 주는 물과 다른 영생수를 경험한 까닭에 영원한 생명수를 더욱 갈망하게 됩니다.

탁월하신 예수님 안에서 안식하라

예수님은 탁월하십니다. 예수님은 창조주 하나님이십니다. 예수님은 천지창조를, 예수님의 탁월하심을 드러내셨습니다. 예수님은 구원의 하나님이십니다. 예수님은 십자가의 구속 사역을 통

---

[5] 조나단 에드워즈, 《그리스도를 아는 지식》, 지평서원, 2001, 239쪽.

해 그의 탁월하심을 드러내셨습니다. 또한 예수님은 우리의 피난처가 되셔서 우리를 보호하시는 일에도 탁월하십니다. 예수님이 우리를 보호하시는 곳은 십자가의 그늘입니다. 그곳에는 우리 죄인을 보호할 수 있는 보혈이 흐르고 있습니다. 생수가 흐르고 있습니다.

예수님은 우리의 현실을 잘 아십니다. 우리에게 찾아오는 폭풍과 광풍을 잘 아십니다. 우리를 흔들고 쓰러뜨리려는 대적들의 공격을 잘 아십니다. 우리는 인간이기에 폭풍과 광풍이 불어오면 흔들릴 수밖에 없습니다. 바람이 거세게 불면 큰 나무의 가지도 흔들리는 것을 봅니다. 인생의 바람이 불 때 우리의 마음이 흔들리고, 우리의 인생도 흔들리는 것을 경험하게 됩니다. 환경을 바라보며 믿음이 흔들리는 것을 경험합니다. 대적들을 바라보는 중에 두려움에 압도당하게 됩니다. 인간이기 때문에 어쩔 수 없습니다.

하지만 우리는 연약한 인간인 동시에 믿음으로 사는 사람들입니다. 믿음으로 산다는 것은 환경과 대적들에게 눈을 돌려 하나님을 바라보고 전적으로 의지하는 것입니다. 하나님께 피하는 것입니다. 거센 광풍이 밀어닥치면 우리 힘으로 무거운 짐을 감당할 수 없습니다. 하나님께 우리의 모든 짐을 맡겨야 합니다.

네 짐을 여호와께 맡기라 그가 너를 붙드시고 의인의 요동함을 영원히 허락하지 아니하시리로다 시 55:22

하나님을 더욱 의지하십시오. 거센 폭풍에도 하나님을 의지할 때 하나님은 우리를 보호해 주십니다. 허드슨 테일러(Hudson Taylor)는 16명의 선교사와 4명의 어린이들과 함께 중국 선교를 떠났습니다. 800톤도 안 되는 범선을 타고 4개월의 긴 항해를 떠난 것입니다. 그는 출발에 앞서 많은 기도를 드렸습니다. 하지만 선교사 일행이 안전하게 도착한다는 것은 한마디로 기적이었습니다. 심한 풍랑과 폭풍우가 계속되었습니다. 15일간의 태풍이 불어 망망대해의 추풍낙엽처럼 파선 직전의 상황에 처했습니다. 하지만 하나님은 그들의 피난처가 되어 주셨습니다. 그들은 오직 하나님만 의지하는 가운데 하나님의 도우심을 받았습니다. 그가 중국에 도착한 지 12일이 지난 후에 쓴 글입니다.

> 그때의 광경을 생각하면 지금도 몸서리가 쳐진다. … 선체가 무섭게 돌면서 돛대와 활대가 내려앉아 버렸고, 하나뿐인 돛도 거의 찢어져 있었다. … 파도는 마치 망치로 두들기듯 사정없이 공격했으며, 갑판 위는 온통 홍수였다. 노도와 같은 파도 소리에 쇠사슬끼리 부딪치는 소리, 활대와 돛대끼리 부딪치는 소리, 찢어진 돛끼리 스치는 소리 등으로 선장의 목소리를 거의 들을 수가 없었다. …
> 태풍을 겪은 지 3일 후 사태는 한층 심각해졌다. 배에 식수가 떨어진 것이다. 불도 다 꺼져 버려 밥을 지을 수가 없었다. 얼마 동안 식수를 구할 수가 없었다. 그러나 이 모든 시련 속에서도 기도의

응답으로 생명을 잃거나 중상을 입은 사람은 한 사람도 없었다.[6]

하나님께로 나아오십시오. 하나님 안에서 우리는 안전합니다. 하나님의 날개 그늘 아래 숨으십시오. 암탉이 병아리들을 자신의 날개 아래로 모아 보호하는 것처럼 하나님은 그분의 날개 아래로 들어가는 우리를 보호해 주십니다.

폭풍과 광풍이 불면 우리는 흔들립니다. 우리가 흔들리는 까닭은 우리의 눈을 하나님께 고정시키지 않기 때문입니다. 우리를 도와주시는 분은 하나님이십니다. 우리를 요동치 않도록 붙잡아 주시는 분은 하나님이십니다. 우리에게 그늘을 제공해 주시는 분도 하나님이십니다. 하나님의 날개 아래는 손이 있습니다. 하나님의 선한 손, 치유의 손, 위로의 손으로 우리를 보호해 주십니다. 그 손으로 우리를 안식하게 하십니다.

죄는 자신이 손댄 것을 더럽게 만듭니다. 병들게 만듭니다. 쓸모없게 만듭니다. 고통스럽게 만듭니다. 악마가 손을 대면 타락하게 됩니다. 하지만 예수님이 손댄 것, 예수님이 만지신 모든 것은 더욱 정결하고, 더욱 아름답고, 더욱 쓸모 있게 됩니다. 예수님이 손을 대시면 병든 자가 치유를 받습니다. 연약한 자가 새 힘을 얻고 일어섭니다.

광풍 속에 오래 서 있지 마십시오. 위험합니다. 우리 곁에 가

---

6 하워드 테일러 부부, 《허드슨 테일러의 생애》, 생명의말씀사, 2018, 129-130쪽.

장 좋은 피난처가 있습니다. 그 문은 활짝 열려 있습니다. 그분은 예수님입니다. 예수님은 가장 안전한 안식처입니다. 가장 안전한 도피성입니다. 가장 안전한 반석입니다. 가장 든든한 산성입니다. 예수님께 나아가십시오. 예수님의 두 팔은 늘 열려 있습니다. 광풍을 피하는 곳, 폭풍을 가리우는 예수님께 나아가십시오.

우리의 퀘렌시아는 하나님입니다. 하나님의 품입니다. 그분의 날개 아래입니다. 우리가 그곳에 들어서는 순간 요동치지 않게 됩니다. 그곳에서 새 힘을 얻게 됩니다.

한 양계장에 불이 난 적이 있습니다. 그때 모든 닭들이 불에 타 죽었습니다. 그런데 놀라운 일이 벌어졌습니다. 그 양계장에 죽지 않고 살아 있는 병아리들이 있었던 것입니다. 어미 닭이 불에 타 죽는 순간에도 두 날개 아래 병아리들을 안전히 품고 있었기에 살 수 있었습니다. 예수님의 십자가는 바로 그 어미 닭의 두 날개와 같습니다. 예수님은 죄인 된 우리를 두 날개 아래 품으시고 우리를 대신해서 하나님의 진노의 불에 타 죽으셨습니다. 우리 죄를 대신해서 심판과 진노와 정죄를 받으신 것입니다. 감사한 것은 예수님이 십자가에 죽으신 후에 사흘 만에 부활하셨다는 사실입니다. 십자가는 우리의 피난처입니다. 우리는 십자가 그늘 아래서 안식할 수 있습니다. 우리는 십자가 아래 쏟아진 예수님의 보혈 아래 있을 때 가장 안전합니다.

예수님 안으로 들어오십시오. 예수님은 하나님의 진노라는 광풍으로부터 우리를 지켜 주십니다. 죄의 무서운 형벌에서 우리를 지켜 주십니다. 예수님이 우리를 대신해서 진노와 형벌을 받으신 까닭입니다. 예수님 안은 안전합니다. 영원히 안전합니다. 예수님은 우리의 짐을 대신 담당해 주십니다. 무거운 짐을 내려놓고 안식하십시오.

예수님은 반석에서 생수를 내어 주시는 분입니다. 마른 땅의 냇물이 되십니다. 우리에게 만족과 유쾌함과 신선함을 제공해 주는 강물이 되십니다. 예수님은 우리에게 생수만 주시는 것이 아닙니다. 예수님의 살과 피까지 주심으로 우리의 영혼을 풍성하게 하십니다. 피난처 되시는 예수님 안에서 영원한 복락을 누리기를 바랍니다.

7

안식과 염려 내려놓기

마 6:25-34

염려도 안식하라

예수님은 수고하고 무거운 짐 진 사람들에게 안식을 줄 것을 약속하십니다.

> 수고하고 무거운 짐 진 자들아 다 내게로 오라 내가 너희를 쉬게 하리라 마 11:28

우리가 예수님께 맡겨야 할 짐 중에 하나가 염려입니다. 염려는 특별히 우리 마음에 짊어지고 사는 무거운 짐입니다. 예수님은 쉼을 약속하실 때 마음의 쉼을 약속하십니다. 우리가 예수님께 염려의 짐을 맡길 때 우리 마음이 쉼을 얻게 됩니다(마 11:29b).

가장 무서운 전쟁터는 우리의 마음입니다. 마음이 불안하고, 마음이 두렵고, 마음이 슬프면 행복하지 않습니다. 하지만 마음에 평강이 있고, 마음에 기쁨이 있으면 행복합니다. 저를 괴롭혀 온 가장 큰 문제 중에 하나는 염려였습니다. 염려의 문제를 해결하는 지혜를 얻기 전까지, 저는 염려 때문에 많은 고통을 받았습니다.

이 세상에 살고 있는 수많은 사람들이 염려 때문에 고통을 받고 있습니다. 염려는 인간을 불행하게 만드는 원흉입니다. 염려가 많으면 불행해집니다. 사람의 행복은 환경에 있기보다는 마음에 있습니다. 마음에 염려가 많으면 아무리 환경이 좋아도 불행합니다. 염려가 익숙해진 사람들은 불행에 익숙해진 사람들입니다. 염려는 마음의 습관입니다. 염려가 습관이 되어 버린 사람들은 스스로 자신을 불행하게 만듭니다. 염려는 건강을 해칩니다. 잠언은 마음의 근심이 얼마나 건강에 좋지 않은 영향을 끼치는지를 알려 줍니다.

> 마음의 즐거움은 양약이라도 심령의 근심은 뼈를 마르게 하느니라 잠 17:22

염려하면 심장과 위장과 몸의 면역체계가 무너집니다. 염려에 대해 연구한 사람들의 보고에 의하면 몸이 병들어 죽는 사람보다 염려 때문에 죽는 사람이 더 많다고 합니다. 예수님은 산상수훈에서 염려의 문제를 정확하게 진단해 주시고, 해결책을 제시해 주십니다. 우리가 배우고 터득해야 할 지혜 가운데 염려를 극복하는 지혜처럼 소중한 것은 없습니다.

염려할 수밖에 없는 존재

예수님은 우리를 만드신 창조주이십니다. 그래서 인간을 누구보다 잘 아십니다. 예수님은 우리가 염려할 수밖에 없는 존재임을 아십니다. 하나님을 믿어도 여전히 염려 때문에 고통을 받고 있는 것을 아십니다. 예수님은 염려하는 인간을 정죄하지 않으셨습니다. 이해하셨습니다. 하지만 염려가 우리에게 도움이 되지 않음을 아시고 염려하지 말라고 권면하십니다.

> 그러므로 내가 너희에게 이르노니 목숨을 위하여 무엇을 먹을까 무엇을 마실까 몸을 위하여 무엇을 입을까 염려하지 말라 목숨이 음식보다 중하지 아니하며 몸이 의복보다 중하지 아니하냐
> 마 6:25

미우라 아야코(三浦綾子)라는 일본 여류 작가가 있습니다. 그녀가 쓴 《길은 여기에》는 제 삶에 아주 많은 영향을 주었습니다. 그녀는 평생 동안 아픈 몸으로 글을 쓰신 분입니다. 그녀는 인간의 몸을 병집이라고 표현했습니다. 병이 기숙하며 함께 살고 있는 것이 몸이라는 것입니다. 그녀는 아주 연약한 몸을 가졌지만 그 연약함 중에 좋은 글을 많이 써서 수많은 사람들을 그리스도께 인도했습니다.

미우라 아야코의 글을 좋아하는 까닭은 그녀의 솔직함 때문입니다. 《살며 생각하며》라는 책을 읽는 중에 그녀도 염려가 많은 사람임을 알게 되었습니다.

나는 아주 낙천적인 사람으로 보이는 모양이지만 의외로 쓸데없는 염려가 많은 편이다. 예를 들어 미우라가 백 미터 정도 떨어진 목욕탕에 갈 때에도 "버스를 조심해요. 전차는 소리 없이 쓱 오니깐 주의하고, 좌우를 잘 살펴야 해요. 전차에 한눈팔고 있을 때에 자동차도 오니까…."

마치 유치원 애라도 전송하듯이 주의시킨다. 그리고 현관까지 나가서 손을 흔들지만 너무 오래 전송하면 뒤돌아보다가 넘어지지나 않을까 싶어 또 걱정된다. 그래서 재빨리 2층으로 올라가서 무사히 교차로를 건넜는지 어떤지를 확인하고는 겨우 안도의 숨을 쉰다.

그때부터 30분가량 지나면 또 초조해지기 시작한다. 언젠가 남편은 목욕탕에서 나오다가 옷을 주워 입을 기운조차 없을 정도로 몹시 피곤해진 일이 있었다. 그래서 무사히 옷을 입었는지 어떤지 아무래도 마음에 걸린다. 집 안에서 초조해 해도 소용이 없으니 결국은 마중 나간다. 환자인 남편도 아닌데 하면서도 혹시나, 혹시나 하고 불안은 불안을 낳아 지금까지의 그런 꼴이 된다.[1]

이 글을 읽는데 제 모습을 보는 것 같았습니다. 두 딸이 집에 왔다 갈 때면 밖에 나가 손녀들이 안전벨트는 잘 맸는지 여러 번 확인합니다. 차를 타고 집으로 갈 때도 바로 집으로 들어오지 않고 차가 잘 가는지를 지켜보곤 합니다. 신호등이 없는 곳에서 좌회전

---

1 미우라 아야코, 《살며 생각하며》, 설우사, 1990, 9쪽.

을 해야 하기 때문에 늘 조바심을 갖고 멀리서 지켜봅니다. 그래서 안전하게 좌회전을 하는 것을 보면 그제야 집에 들어오곤 합니다. 집에 들어와서도 때로는 안전하게 자기 집에 들어갔는지 궁금해할 때가 많습니다. 그녀의 글을 읽으면서 공감했던 것은 염려하는 저의 모습과 비슷했기 때문입니다. 그녀는 '자기를 의지하는 어리석음'이라는 신앙 칼럼을 이렇게 마무리합니다.

> 나는 현명하다. 나는 생각이 깊다. 나는 신중하다. 나는 용의주도하다 하고 모든 면에서 우리는 결국 자기 자신의 힘을 믿고 있다. 과신하고 있다. 확실히 나는 어리석다. 약하고 추한 자라고 자기 자신을 하나님께 맡겼을 터인데 곧 잊어버리고, 하나님을 의지하기보다는 자기의 지혜를 의지한다. 매일 이런 것의 되풀이가 아닐까? 믿음이 있다고 말하면서도 얼마나 초라한 믿음인가? … 여기까지 쓰고 나는 벽에 걸려 있는 시이나 린조 씨의 족자를 보았다. "하루의 걱정은 그날 하루로 족하다." 아아, 하나님은, 우리들의 약함과 어리석음을 얼마나 잘 알고 계신가.[2]

미우라 아야코의 고백처럼 하나님은 우리의 약함을 아십니다. 염려하며 살아가는 어리석음도 아십니다. 하나님은 우리가 풍성한 삶을 살기를 원하십니다. 하나님은 우리가 평강 중에 살기를 원하

---

2 미우라 아야코, 앞의 책, 14-15쪽.

십니다. 하나님은 염려가 가져올 수 있는 많은 문제를 아십니다.

염려하게 되면 사람과의 관계에 문제가 생깁니다. 가족 사이에도 문제가 생깁니다. 염려가 많은 사람은 의심을 많이 합니다. 잘못된 상상력이 발달해서 작은 일에도 민감하게 반응합니다. 자녀와의 관계에도 문제가 생깁니다. 자녀들이 어디를 가든지 불안해합니다. 언제나 자녀를 따라다니며 과잉보호를 하려고 합니다. 자녀들은 그런 부모를 보면 너무 힘들어 합니다.

저는 한때 염려의 문제로 너무 많은 고통을 받았습니다. 교회를 개척한 다음에 그 짐이 무거워 어찌할 바를 몰랐습니다. 가족들을 부양하면서 그 짐이 무거워 어찌할 바를 몰랐습니다. 그때 저는 어두운 침체의 터널을 통과했습니다. 건강에 막대한 손실을 경험했습니다. 원인을 알 수 없는 낙담과 좌절 속에 살았습니다. 그러던 어느 날 고통 중에 저의 문제가 염려에 있다는 사실을 발견했습니다. 그리고 더 고통스러웠던 것은 그 염려의 문제를 해결할 수 있는 지혜가 없었다는 것이었습니다.

그날 이후로 성경을 통해, 기도를 통해, 많은 책들을 읽으면서 염려의 문제를 해결하는 지혜를 배우기 시작했습니다. 배운 지혜를 저의 삶 속에 적용하기 시작했습니다. 염려의 문제를 해결하는 과정에서 저는 놀라운 깨달음을 얻게 되었고, 저의 삶 속에 평화가 깃들기 시작했습니다. 그 결과 관계도, 환경도 변화되기 시작했습니다.

제가 염려의 문제를 해결하는 과정에서 깨달은 것은 염려의 문제는 정기적으로 점검하면서 해결해야 한다는 것입니다. 마치 정기적으로 건강 검진을 하듯이 이 문제를 정기적으로 다루어서 해결해야 합니다. 우리가 이 세상에 사는 동안에는 이 문제로부터 완전히 자유로울 수 없기 때문입니다.

염려의 실체를 파악하라

예수님은 산상수훈에서 염려의 실체를 파악하기 위해 깊이 생각하라고 명하십니다. 염려는 마음의 생각에서 오기 때문에 우리는 깊이 생각하는 훈련을 통해 염려의 문제를 극복해야 합니다.

> 또 너희가 어찌 의복을 위하여 염려하느냐 들의 백합화가 어떻게 자라는가 생각하여 보라 수고도 아니하고 길쌈도 아니하느니라
> 마 6:28

우리는 생각하는 것을 싫어합니다. 생각은 많은데 깊이 생각하려고 하지 않습니다. 우리가 염려에 대해 생각을 깊이 해야 하는 까닭은 깊은 생각을 통해 염려의 실상을 잘 파악할 수 있기 때문입니다. 또한 염려의 뿌리를 잘 이해할 수 있기 때문입니다.

예수님은 염려에 대해 정확하게 이해하고 계십니다. 무엇보다도 염려는 생각에서 옵니다. 마음에서 옵니다. 그렇기 때문에 염려의 뿌리를 파헤쳐야 합니다. 염려의 본질을 이해해야 합니다.

우리는 많은 경우에 염려할 필요도 없는 문제를 가지고 염려할 때가 많습니다. 문제의 본질을 이해하면 우리가 염려할 문제는 아주 줄어듭니다. 그리고 그 작은 문제마저도 해결책을 가지고 접근하면 해결할 수 있습니다. 예수님은 염려의 실체를 깊이 있게 깨닫도록 도와주십니다.

예수님은 염려란
비생산적이라고 말씀합니다

너희 중에 누가 염려함으로 그 키를 한 자라도 더할 수 있겠느냐
마 6:27

염려한다고 작은 키가 커질 수 없고, 큰 키가 작아질 수 없습니다. 염려는 문제 해결에 아무런 도움이 되지 않습니다. 염려는 흔들의자와 같습니다. 흔들의자에 앉아서 아무리 흔들어도 앞으로 나갈 수 없는 것처럼 염려를 아무리 많이 해도 도움이 되는 것이 없습니다. 염려는 톱밥을 켜는 것과 같습니다. 아무리 톱밥을 켜도 얻는 것이 없습니다. 염려는 아무것도 성취할 수 없습니다.

염려는 과거를 돌이킬 수 없습니다. 염려는 어떤 병도 치유할 수 없습니다. 어떤 관계도 회복할 수 없습니다.

예수님은 염려란
비신앙적이라고 말씀합니다

염려하는 사람들에게 예수님은 "믿음이 작은 자들아"라고 말씀하십니다. 믿음이 없다고 하지 않고 믿음이 작다고 말씀하십니다.

> 내가 너희에게 말하노니 솔로몬의 모든 영광으로도 입은 것이 이 꽃 하나만 같지 못하였느니라 오늘 있다가 내일 아궁이에 던져지는 들풀도 하나님이 이렇게 입히시거든 하물며 너희일까 보냐 믿음이 작은 자들아 마 6:29-30

염려는 믿음이 약해질 때 생깁니다. 또한 염려를 많이 하게 되면 믿음이 약해집니다. 염려하는 사람들의 문제는 자신이 누구인가를 망각한다는 것입니다. 하나님은 우리 아버지이시고, 우리는 하나님의 자녀입니다. 아버지는 자녀의 삶을 책임지십니다. 그런데 염려한다는 것은 자신이 하나님의 자녀라는 사실을 망각하는 것입니다. 자기의 존재 가치를 잊어버리는 것입니다.

우리는 공중의 새보다 귀한 존재들입니다(마 6:28). 하나님 앞에서 우리는 천하보다 귀한 존재입니다. 하나님은 약속의 말씀을 주셨습니다. 우리를 결코 버리지도 아니하시고, 떠나지도 아니하시겠다는 약속을 주셨습니다(히 13:5).

이스라엘 백성들을 40년 동안이나 광야에서 먹이시고, 입히신 하나님을 기억하십시오. 하나님은 만나와 메추라기를 통해서 이스라엘 백성들을 먹이셨습니다. 엘리야가 그릿 시냇가에 있을 때는 까마귀를 통해서 먹이셨습니다. 염려는 불신앙입니다. 염려하면 하나님의 말씀을 신뢰하지 못하게 됩니다. 하나님의 기적과 축복은 말씀을 신뢰하는 데서 오는데, 염려하면 말씀에 대한 믿음을 상실하게 됩니다. 하나님의 말씀의 인도를 받는 것이 아니라 염려의 지배를 받는 사람이 되고 맙니다. 염려는 이방인들이 하는 것이라고 말씀합니다(마 6:31-32).

염려하면 믿음이 없는 이방인처럼 됩니다. 믿음의 사람 조지 뮬러(George Muller)는 염려에 대해 "염려의 시작은 신앙의 끝이다. 그러나 신앙의 시작은 염려의 끝이다"라고 이야기합니다.

예수님은 염려란
비현실적이라고 말씀합니다

우리는 보통 변화시킬 수 없는 과거와 아직 오지 않은 미래의 일을 가지고 더 많이 염려합니다. 염려하는 것을 분석해 보면 지나간 과거를 다시 회상하면서 염려합니다. 또한 아직 오지 않은 내일 때문에 걱정합니다. 염려를 잘하는 사람들은 대단한 상상력과 추리력을 가지고 있습니다. 결코 이루어지지 않을 앞날을 미리 상상하면서 염려합니다. 때로는 황당한 생각과 망상에 빠지기도 합니다.

이렇게 늙은이가 되기까지 골치 아픈 일들이 굉장히 많았지만, 그중에 실제로 일어난 일은 하나도 없었다. /마크 트웨인(Mark Twain)

예수님은 염려란
영적 성장의 장애물이라고 말씀합니다

영적 성장은 말씀을 깨달을 때 발전하게 됩니다. 그런데 염려하게 되면 말씀이 막혀 결실하지 못하게 됩니다.

가시떨기에 뿌려졌다는 것은 말씀을 들으나 세상의 염려와 재물의 유혹에 말씀이 막혀 결실하지 못하는 자요 마 13:22

예수님은 세상의 염려와 재물의 유혹이 연결되어 있음을 아셨습니다. 우리의 염려는 세상과 관련되어 있습니다. 재물의 유혹과 관련되어 있습니다. 산상수훈에서 예수님은 염려에 대한 교훈을 주시기 전에 재물에 대한 교훈을 미리 주신 것을 기억해야 합니다.

너희를 위하여 보물을 땅에 쌓아 두지 말라 거기는 좀과 동록이

해하며 도둑이 구멍을 뚫고 도둑질하느니라 오직 너희를 위하여 보물을 하늘에 쌓아 두라 거기는 좀이나 동록이 해하지 못하며 도둑이 구멍을 뚫지도 못하고 도둑질도 못하느니라 네 보물 있는 그곳에는 네 마음도 있느니라 마 6:19-21

보물을 땅에 쌓아 둔 사람은 도둑이 그 보물을 훔쳐 갈까 염려합니다. 반면에 보물을 하늘에 쌓아 둔 사람은 세상의 보물과 재물로부터 자유롭습니다. 또한 하나님을 보물로 삼은 사람은 늘 마음이 평화롭습니다. 왜냐하면 보물이 있는 곳에 우리의 마음이 있기 때문입니다. 재물은 우리에게 필요하지만, 재물에 집착하거나 재물을 우상으로 삼아서는 안 됩니다. 물질은 사용하되 하나님을 사랑하십시오. 돈을 사랑하지 말고 하나님을 사랑하십시오. 돈이 일만 악의 뿌리가 아니라 돈을 사랑함이 일만 악의 뿌리가 됩니다. 물질을 사랑하는 사람은 사소한 것 하나를 가지고도 죽도록 싸우는 것을 보게 됩니다.

물질을 대수롭지 않게 여기는 사람은 다툼과 분쟁에서 스스로 벗어난 것이다. 그러나 물질을 사랑하는 사람은 사소한 것 하나를 두고도 죽도록 싸울 것이다. /요한 클리마쿠스(John Climacus)

많은 싸움은 물질에서 시작됩니다. 탐욕에서 증폭됩니다. 예수님은 염려의 뿌리가 재물에 대한 집착과 유혹에 있음을 보셨습니다. 그때 말씀의 기운이 막혀 영적으로 성장하지 못한다는 것을 말씀하셨습니다.

예수님은 염려란
마음이 나뉘는 것이라고 말씀합니다

염려는 집중하지 못하게 만듭니다. 몰입하지 못하게 만듭니다. 우리가 무엇이든지 집중하고 몰입하게 되면 염려는 사라집니다. 마음에 평화가 깃듭니다. 예수님은 마르다가 많은 일로 염려하고 근심한 것을 아셨습니다.

> 주께서 대답하여 이르시되 마르다야 마르다야 네가 많은 일로 염려하고 근심하나 몇 가지만 하든지 혹은 한 가지만이라도 족하니라 마리아는 이 좋은 편을 택하였으니 빼앗기지 아니하리라 하시니라 눅 10:41-42

많은 일을 한꺼번에 생각하는 것이 염려입니다. 그때 마음이 나뉘고, 마음이 나뉠 때 염려가 생깁니다. 염려는 헬라어 동사인 '메림나오'(merimnao)로 '나누다'라는 뜻의 '메리조'(merizo)와 '마음'의 의미를 갖고 있는 '노우스'(nous)의 합성어입니다. 즉 염려는 마음이 나뉘는 상태입니다. 마음이 나뉠 때 우리의 평강이 깨어지고 불안해집니다. 심지어는 노이로제에 걸리게 됩니다. 특별히 경계해야 할 사실은 마음이 나뉘게 되면 집중력이 떨어진다는 것입니다. 집중력은 모든 성취의 원동력입니다. 집중력이 강한 사람이 공부도 잘합니다. 한 가지 일에 집중하기 때문에 목적을 성취하게 됩니다. 마음이 나뉘면 힘이 약해집니다. 강한 심력은 집중하는 데서 옵니다.

염려와 스트레스는 같이 갑니다. 무거운 짐에 눌리는 것 같은 경험을 하는 것입니다. 누군가가 목을 조르는 것과 같은 경험을 하는 것이 염려입니다. 물론 염려의 심각도에 따라 달라지지만 염려가 심각해지면 신체에도 즉각적인 변화가 나타납니다. 그러므로 염려의 문제는 해결해야만 합니다.

염려를 극복하는 지혜

"염려하지 말라"는 예수님의 말씀에 순종하십시오

예수님은 "염려하지 말라"고 명하셨습니다(마 6:25, 34). 제일 좋은 방법은 예수님의 말씀에 그대로 순종하는 것입니다. 염려하지 말라는 것은 명령입니다.

염려하지 말라는 예수님의 명령에 순종하십시오. 염려하는 것도 습관입니다. 나쁜 습관을 깨뜨려야 합니다. 염려는 잘못된 생각을 선택하는 데서 옵니다. 염려도 선택입니다. 염려하는 것은 염려를 하기로 선택한 것입니다. 염려를 잘하는 사람들은 머리가 상당히 좋은 사람들입니다. 머리가 나쁜 사람들이나 둔한 사람들은 염려를 잘하지 않습니다. 둔감한 사람도 염려를 잘하지 않습니다. 염려를 잘하는 사람들은 상상력이 풍부한 사람들, 예민한 사람들이 대부분입니다.

염려는 타락한 상상력입니다.
믿음은 거룩한 상상력입니다.

염려하기 위해서는 먼저 염려할 만한 생각을 선택하고 그런 생각을 상상으로 바꿀 수 있어야 합니다. 또한 약간 머리를 숙이고, 마음을 우울하게 만들어야 합니다. 자신의 상상력을 동원하되 영화에서 보았던 사건이나 책에서 읽었던 사건 가운데 불행한 사건들을 동원해서 자신의 현실과 대입시킵니다. 그리고 그 일이 정말로 이루어진 것처럼 확신함으로써 그런 감정을 경험합니다. 그렇게 좋은 머리를 건전하게 사용한다면 정말 놀라운 발명가가 되고, 예술가가 되고, 작가가 될 수 있을 텐데 그 좋은 머리를 염려하는 데 씀으로써 하나님의 마음을 아프게 합니다.

염려의 문제는 타락한 상상력을 동원해 작은 문제를 더 크게 만드는 것입니다. 작은 짐을 큰 짐으로 만들어 내는 것입니다. 존재하지도 않는 문제를 가상으로 만들어 내어 더욱 걱정하는 것입니다.

어떤 상황에 처해 있다 할지라도 염려하지 않기로 선택하면 염려하지 않을 수 있습니다. 인생에서 가장 큰 문제가 무엇입니까? 죽는 문제 아닙니까? 그런데 죽으면 천국 가는 것이 그리스도인입니다. 그렇다면 죽음의 문제도 우리를 공격할 수 없습니다. 인생에서 사건이나 환경을 조절할 수는 없지만 우리의 마음은 능히 조절할 수 있습니다. 마음의 태도는 얼마든지 선택할 수 있습니다. 믿음을 통해 아름다운 일이 이루어질 것을 상상하십시오. 믿음을 통해 하나님의 놀라운 기적이 일어날 것을 상상하십시오. 믿음을 통해 긍정적이면서 창조적인 상상력을 발휘하십시오.

염려를 기도로 바꾸십시오

염려는 비생산적이지만 기도는 놀라운 기적을 가져옵니다. 염려하지 말라고 말씀하신 주님은 기도하라고 말씀하십니다(마 7:7-8). 기도가 무엇일까요? 우리의 짐을 우리를 사랑하시고 돌보시는 하나님께 맡기는 것입니다. 하나님 아버지는 우리의 짐을 대신 담당해 주시기를 기뻐하십니다.

> 너희 염려를 다 주께 맡기라 이는 그가 너희를 돌보심이라
> 벧전 5:7

이 말씀의 원어의 의미는 "주님으로 대신 염려하게 하라"는 것입니다. 또한 "맡기라"는 머물게 하다는 뜻입니다. 우리가 주님께 염려를 맡겼으면 그 염려가 주님께 머물게 해야 합니다. 우리의 문제는 기도가 끝나면 그 염려를 다시 주님 품에서 빼앗아 간다는 데 있습니다. 우리의 염려를 주께 맡겨 드리면 주님은 우리의 염려하는 문제를 능히 해결해 주십니다. 그리고 우리에게는 평강을 선물로 주십니다.

> 아무것도 염려하지 말고 다만 모든 일에 기도와 간구로, 너희 구할 것을 감사함으로 하나님께 아뢰라 그리하면 모든 지각에 뛰어난 하나님의 평강이 그리스도 예수 안에서 너희 마음과 생각을 지키시리라 빌 4:6-7

기도하면 평강이 찾아옵니다. 평강이 찾아오면 인생 전체를 보게 됩니다. 모든 지각에 뛰어나신 하나님의 지각으로 현실을 직시하게 됩니다. 영원의 시각에서 현실을 직시하게 됩니다. 기도하면 가장 좋은 것은 염려할 정도로 인생에서 그렇게 중요한 것이 없음을 깨닫게 된다는 것입니다.

모든 것이 영원의 시각에서 보면 사소한 것일 뿐입니다. 우리는 사소한 것에 너무 목숨을 걸 때가 많습니다. 그것은 참으로 어리석은 짓입니다. 어렸을 적에 중요하다고 생각했던 것이 어른이

된 지금도 중요하다고 생각하십니까? 어느 시절에 그토록 심각했던 문제를 돌이켜 보면 아무 문제도 아니었음을 깨닫게 됩니다.

헬무트 틸리케(Helmut Thielicke)는 염려는 강력한 폭발력을 가지고 있기 때문에 그것을 예수님께 맡기라고 부탁합니다.

> 염려가 생기자마자 아주 실제적으로 그것을 기도로 전환시켜야 한다. 염려는 너무 오래 손 안에 쥐고 있으면 강력한 폭발력으로 우리 마음을 산산조각낸다. … 무엇이든 예수 그리스도께 가져가면 다 변하듯이, 염려도 기도로 돌리면 진정한 변화가 이루어진다.[3]

그는 염려라는 수류탄을 예수님께 맡기지 않고 손에 꼭 쥐고 있는 것은 정말 위험하다고 강조합니다. 염려를 기도의 재료로 삼으십시오. 염려를 하나님께 나아가는 수단으로 삼으십시오. 오히려 염려를 믿음을 키우는 방편으로 삼으십시오. 그러면 우리는 염려까지도 선한 목적으로 사용하는 지혜를 얻게 됩니다. 그때 염려는 우리 앞에서 손을 들게 됩니다. 그리고 우리 곁을 떠납니다.

변화시킬 수 있는 것은 변화시키고, 변화시킬 수 없는 것은 받아들이도록 하십시오

인생을 살면서 배운 중요한 지혜는 변화시킬 수 있는 것은 변

---

[3] 헬무트 틸리케, 《현실과 믿음 사이》, 두란노, 2015, 246쪽.

화시키고, 변화시킬 수 없는 것은 과감하게 받아들이는 것입니다. 어떤 문제가 일어났거나 어떤 실수 때문에 제기된 문제라면 그 책임을 받아들이도록 하십시오. 책임을 회피하고, 문제에서 도피하려고 할 때 마음이 복잡해집니다. 어떤 문제를 감수하기로 작정하면 마음에 평화가 찾아옵니다. 우리는 매일 좋은 일을 기대하며 살아갑니다. 그러면서도 어떤 문제에 직면했을 때 최악의 상태까지도 받아들이는 용기가 필요합니다. 그래야 마음의 평화를 가질 수 있습니다.

평온을 위한 기도 _라인홀드 니버

"주여! 내가 변화시킬 수 없는 것들을 받아들일 수 있는 평온함을 주시고, 내가 할 수 있는 것들에 대해 변화시킬 수 있는 용기를 주옵소서. 그리고 이 둘의 차이를 분별할 수 있는 지혜를 주옵소서!"

사도 베드로는 "너희 염려를 주님께 맡기라"고 했습니다. 그런데 우리는 책임까지 맡기려고 합니다. 우리가 감수해야 할 책임을 맡겨서는 안 됩니다. 염려만 맡기십시오. 우리가 감수해야 할 책임은 스스로 감수하도록 하십시오. 에스더가 민족의 위기 앞에서 "죽으면 죽으리라"는 각오를 했을 때 이스라엘 민족을 구원할 수 있었습니다. "죽으면 죽으리라"는 각오를 했을 때 그녀는 하나님께 기도할 수 있었습니다. 또한 문제를 해결해 줄 수 있는 왕 앞에 담대히 나아갈 수 있었습니다. 에스더는 금식 기도를 하는 중에 그녀의 염려를 하나님께 맡겼습니다. 그리고 그녀의 책임을 목숨을 걸고 감당했습니다. 그때 민족 구원의 일을 성취할 수 있었습니다.

하나님을 위해 큰 염려를 함으로
작은 염려가 사라지게 하십시오

염려가 모두 나쁜 것은 아닐 수 있습니다. 염려가 하나님을 위한 일이며, 그것이 기도로 승화될 수 있다면 그 염려는 유익한 것입니다. 그 이유는 그 염려 때문에 하찮은 염려들이 사라지기 때문입니다. 염려를 극복하는 일은 하나님의 나라와 의를 구하는 것입니다.

> 그런즉 너희는 먼저 그의 나라와 그의 의를 구하라 그리하면 이 모든 것을 너희에게 더하시리라 마 6:33

염려를 극복하는 길은 우선순위를 따라 열심히 사는 것입니다. 작은 염려는 큰 염려 앞에서 사라집니다. 작은 염려는 위대한 과업 앞에서 사라집니다. 그런 면에서 사도 바울은 교회를 위해 염려했습니다(고후 11:28). 바울 자신도 문제가 많았습니다. 육체에 가시가 있었습니다. 그는 연약한 육체를 가진 사람이었습니다. 하지만 그는 하나님을 위해 근심을 했기 때문에 세상의 근심을 초월할 수 있었습니다.

염려를 많이 하는 사람들의 특징은 자기중심적이라는 것입니다. 자신을 많이 생각하는 사람들이 염려를 많이 합니다. 시간이 많아도 문제입니다. 시간이 남으니까 이것저것 생각합니다. 아침에 일어나면 아픈 데를 찾아 묵상하기 시작합니다. 머리끝부터 발끝까지 점검하기 시작합니다. 조금만 어디가 불편해도 불치병은 아닌가 염려합니다.

염려를 극복하는 일은 하나님의 나라와 의를 위해서 일하는 것입니다. 주님의 교회를 위해 일하는 것입니다. 세계 복음화를 위해 일하고, 기도하는 것입니다. 나보다 더 어려운 사람을 찾아가서 돌보는 것입니다. 사실 이 세상에서 건강한 사람은 웃으며 자기 일에 몰두하는 사람입니다. 인간의 행복은 자기를 잊어버릴 때 경험합니다. 반면에 자기를 지나치게 의식할 때 불행해집니다.

비참해지는 비결은 자신이 행복한지 불행한지 따위를 생각할 여유를 갖는 데 있다. /조지 버나드 쇼(George Bernard Shaw)

행복과 불행에 대해 고민하는 데 시간을 쏟지 마십시오. 매일 목표를 세우십시오. 자신을 잊어버릴 만큼 아름다운 일에 몰두하십시오. 사람들을 만나면 만나는 사람에게 최대한 관심을 가지십시오. 하나님은 우리가 하나님의 일에 우선순위를 두고 살면 염려하던 문제를 해결해 주신다고 말씀합니다.

선교에 헌신한 이들의 간증을 들어보십시오. 단기 선교를 다녀온 사람들의 간증을 들어보십시오. 그들은 단기 선교를 가게 되면 인간적인 손해가 많은 것처럼 보일지 모르지만 하나님이 더 많은 축복을 부어 주신다고 말합니다. 그것이 하나님의 원리입니다. 하나님은 우리가 하나님의 나라와 의를 먼저 구하면 우리에게 필요한 모든 것을 더해 주십니다.

하루하루 충만한 현재 속에 사십시오

그러므로 내일 일을 위하여 염려하지 말라 내일 일은 내일이 염려할 것이요 한 날의 괴로움은 그날로 족하니라 마 6:34

인생에서 두 날만 염려하지 않으면 행복해집니다. 두 날은 어제와 내일입니다. 지나간 과거는 돌이킬 수 없습니다. 다가올 미래는 우리 힘으로 움직일 수 없습니다. 내일 일은 아무도 모릅니다. 그런데 우리는 이 두 날 때문에 염려합니다. 오늘의 현실의 문제는 별 것 아닌데 지나간 과거의 문제를 끌어들이고, 미래에 일어나지도 않을 문제를 끌어들여서 오늘 걱정할 때가 많습니다.

> 과거와 미래의 철문을 닫아 버리고 오늘만을 생각하는 방수 선실 속에서 생활하는 습관을 길러라. /윌리엄 오슬러 경(Sir William Osler)

인생을 살면서 갖게 되는 가장 큰 후회는 너무나 많은 시간을 쓸데없는 염려로 보냈다는 것입니다. 인생은 염려하며 살기에는 너무나 짧습니다. 염려할 시간에 기도하십시오. 염려할 시간에 사랑하십시오. 사랑은 두려움을 내어 쫓습니다. 살아 있다는 것에 감사하십시오. 만나는 사람을 사랑하십시오. 인생을 축제처럼 살아가십시오. 하루하루를 기쁨으로 살아가십시오. 과거와 미래의 염려를 끌어들이지 마십시오. 예수님은 "내일 일을 위하여 염려하지 말라"(마 6:34)고 말씀하십니다. 충만한 현재 속에 살아가십시오. 과거에 배운 교훈에서 지혜를 얻으십시오. 또 희망찬 미래를 위해 오늘을 준비하십시오. 충만한 현재 속에 살아가십시오.

예수님은 우리에게 괴로움이 없을 거라고 약속하지는 않으셨습니다. 어느 정도의 괴로움은 누구에게나 있습니다. 그 괴로움이 우리의 염려를 증폭시키지 않도록 해야 합니다. 우리가 할 일은 우리의 염려와 함께 괴로움을 하나님께 맡기는 것입니다. 그리할 때 하나님은 모든 것을 합력하여 선을 이루어 주십니다.

> 우리가 알거니와 하나님을 사랑하는 자 곧 그의 뜻대로 부르심을 입은 자들에게는 모든 것이 합력하여 선을 이루느니라 롬 8:28

하나님이 모든 것을 합력하여 선을 이루실 것을 확신한다면 염려를 물리치고 힘겨운 고난도 잘 견뎌 낼 수 있습니다.

그리스도의 말씀 안에서

마음이 염려로 가득 차면 우리는 불행해집니다. 반면에 마음이 그리스도의 말씀으로 가득 차게 되면 안식하게 됩니다. 평강을 누리게 됩니다. 지혜와 신령한 노래로 가득 차게 됩니다.

> 그리스도의 말씀이 너희 속에 풍성히 거하여 모든 지혜로 피차 가르치며 권면하고 시와 찬송과 신령한 노래를 부르며 감사하는 마음으로 하나님을 찬양하고 골 3:16

우리 인간의 마음은 진공 상태로 있지 않습니다. 마음을 비우면 무엇이든지 들어와 그 마음을 채우게 되어 있습니다. 염려로 마음을 가득 채우지 마십시오. 그리스도의 말씀으로 마음을 가득 채우십시오. 그 길은 그리스도의 말씀을 묵상하는 것입니다. 말씀을 묵상하게 되면 그 말씀이 우리 머리에서 마음으로 내려오게 됩니다. 더 깊이 묵상하면 말씀이 우리 마음속에 충만해지는 것을 경험하게 됩니다.

염려해도 아무 일도 일어나지 않습니다. 염려는 오히려 우리의 삶을 불행하게 만듭니다. 그러나 말씀을 묵상하면 형통하는 삶을 살게 됩니다.

> 오직 여호와의 율법을 즐거워하여 그의 율법을 주야로 묵상하는도다 그는 시냇가에 심은 나무가 철을 따라 열매를 맺으며 그 잎사귀가 마르지 아니함 같으니 그가 하는 모든 일이 다 형통하리로다 시 1:2-3

염려는 우리 마음에 자라는 잡초와 같습니다. 우리 마음의 잡초는 한가할 때 자라는 것입니다. 우리 마음이 말씀으로 가득 차게 되면 잡초가 자랄 수가 없습니다. 잡초는 생존력이 강하기 때문에 조금만 방치해 두면 무섭게 번식합니다. 그러므로 정기적으로 마음을 점검하면서 염려라는 잡초가 자라지 않도록 해야 합니다. 마음이 말씀으로 충만해지면 염려가 자리를 잡지 못합니다. 또한 말씀이 충만해지면 우리는 그 말씀을 붙잡고 기도할 수 있게 됩니다. 말씀의 지혜를 통해 형통하게 됩니다.

변화시킬 수 없는 과거, 변화시킬 수 없는 실수와 실패 때문에 더 이상 고통스러워하지 마십시오. 변화할 수 없는 것 때문에 염려하지 마십시오. 지나간 과거 때문에 염려하는 사람은 마치 톱밥에 대고 톱질을 하는 사람과 같습니다. 염려는 비생산적입니다.

비신앙적입니다. 염려를 통해서 이루는 것은 아무것도 없습니다. 다만 몸만 상할 뿐입니다.

변화할 수 있는 것이라면 변화시키십시오. 변화할 수 없는 것에 집착하지 마십시오. 할 수 있는 것에 집중하십시오. 날마다 하나님이 당신에게 베푸신 축복을 헤아려 보십시오. 그리고 범사에 감사하십시오. 겸손한 자세로 하루하루를 맞이하며 감사하십시오. 기도를 통해 하나님을 전적으로 의지하십시오. 기도는 놀라운 기적을 창조합니다. 날마다 염려의 짐을 하나님께 맡기십시오.

> 날마다 우리 짐을 지시는 주 곧 우리의 구원이신 하나님을 찬송할지로다(셀라) 시 68:19

염려는 하나님께 맡겨 두고 주어진 일에 집중하십시오. 무엇이든지 하나님의 손에 들어가면 놀라운 변화가 일어납니다. 염려는 우리가 고민하는 문제일 때가 많습니다. 하나님의 손에 우리의 문제를 맡길 때 하나님은 우리의 문제를 기적으로 만들어 주십니다. 작은 문제는 작은 기적으로, 큰 문제는 큰 기적으로 만들어 주십니다. 우리가 문제를 안고 있으면 어떤 변화도 일어나지 않습니다. 하지만 기도를 통해 우리의 문제를 하나님께 맡기면 하나님은 그 문제를 기적으로 만들어 주십니다.

하나님은 우리가 맡긴 염려와 무거운 짐을 놀라운 기적으로 변화시켜 주실 것입니다. 놀라운 축복으로 변화시켜 주실 것입니다. 하나님의 능력은 우리의 문제보다 크십니다. 우리의 염려보다 크십니다. 하나님의 능력은 우리의 무거운 짐보다 크십니다. 하나님이 감당하지 못하실 큰 짐은 없습니다. 큰 문제도 없습니다.

하나님께 모든 염려를 맡기십시오. 하나님께 모든 문제를 맡기십시오. 하나님께 맡긴 것을 다시 빼앗아 오지 마십시오. 하나님의 손에 머물게 하십시오. 하나님의 손에서 문제가 기적이 될 때까지 문제를 맡기십시오. 하나님께서 우리의 문제를 기적으로 만드실 수 있는 기회를 드리십시오. 하나님은 우리의 문제를 통해 기적을 창조하시는 일에 전문가이십니다. 하나님께 문제를 드린 후에 기적을 선물로 받으십시오.

날마다 십자가 앞으로 나아가십시오. 그곳에 모든 염려를 내려놓으십시오. 모든 무거운 짐을 내려놓으십시오. 하나님은 우리가 십자가 아래 내려놓은 모든 죄 짐을 가져가십니다. 우리의 모든 허물을 가져가십니다. 쓰레기와 같은 우리의 모든 잘못들을 가져가십니다. 우리의 절망과 낙심을 가져가십니다. 우리가 받아야 할 저주와 심판과 정죄를 가져가십니다. 우리의 염려를 가져가십니다. 우리의 상처를 가져가십니다. 그리고 하나님은 바로 그 십자가에서 우리에게 축복을 부어 주십니다. 사랑을 부어 주십니다. 평강을 부어 주십니다. 기쁨을 부어 주십니다. 소망을 부어 주십니다. 능력을 부어 주십니다. 우리의 상처를 진주로 만들어 주십니다. 우리의 고난을 영광으로 만들어 주십시다. 우리의 질병을 건강으로 바꾸어 주십시다.

예수님은 우리에게 생명을 주시되 풍성히 주시기 위해 오셨습니다. 풍성한 생명을 빼앗아 가는 모든 염려를 주님께 맡기십시오. 그리고 복음 안에서 주시는 모든 복을 받아 누리기를 바랍니다. 참된 안식을 누리기를 바랍니다. 부디 염려로 충만한 삶이 아니라 말씀을 통해 안식으로 충만한 삶을 살기를 기도합니다.

8

안식과 내어맡김

창 22:1-19

무거운 짐을 내려놓으라

예수님은 "수고하고 무거운 짐 진 자들아 다 내게로 오라 내가 너희를 쉬게 하리라"(마 11:28)고 말씀하십니다. 이 초청은 안식에로의 초청입니다. 안식하기 위해서는 예수님께 나아가야 합니다. 그리고 예수님께 우리의 무거운 짐을 내려놓아야 합니다. 예수님께 무거운 짐을 내려놓을 때 안식이 시작됩니다.

> 안식은 내려놓음입니다.
> 무거운 짐을 예수님께 내려놓을 때 안식할 수 있습니다.

우리의 문제는 무거운 짐을 잘 내려놓지 못하는 데 있습니다. 예수님이 말씀하신 무거운 짐은 사람에 따라 다를 수 있습니다. 어떤 사람은 무거운 죄 짐일 수 있습니다. 어떤 사람은 율법주의일 수 있습니다. 어떤 사람은 완벽주의일 수 있습니다. 어떤 사람은 자존심일 수 있습니다. 어떤 사람은 과거의 상처와 실패와 실수일 수 있습니다. 어떤 사람은 자신을 괴롭히는 원수일 수 있습니다. 어떤 사람은 분노일 수 있습니다. 어떤 사람은 복수심일 수 있습니다. 어떤 사람은 인간관계의 갈등일 수 있습니다.

아브라함에게 무거운 짐은 무엇이었을까요? 그것은 그의 사랑하는 아들, 그가 아끼는 아들, 독자 이삭이었습니다. 무거운 짐이 모두 나쁜 것은 아닙니다. 아브라함에게 무거운 짐은 좋은 것이었습니다. 하나님이 주신 것이었습니다. 그가 아끼는 것이었습니다. 그런데 그것이 그에게 무거운 짐이 되었습니다. 하나님은 그에게 그 짐을 내려놓으라고 말씀하십니다.

> 그 일 후에 하나님이 아브라함을 시험하시려고 그를 부르시되 아브라함아 하시니 그가 이르되 내가 여기 있나이다 여호와께서 이르시되 네 아들 네 사랑하는 독자 이삭을 데리고 모리아 땅으로 가서 내가 네게 일러 준 한 산 거기서 그를 번제로 드리라
>
> 창 22:1-2

하나님은 아브라함에게 이삭에 대해 "네 아들 네 사랑하는 독자 이삭"(창 22:2)라고 말씀하십니다. 그리고 아브라함이 가장 사랑하는 독자 이삭을 모리아 땅으로 가서 하나님이 일러 준 한 산 거기서 그를 번제로 드리라고 말씀하십니다.

우리가 사랑하는 것으로 시험하시는 하나님

하나님은 아브라함을 시험하시기 위해 부르십니다. 하나님이 아브라함을 유혹하신 것이 아닙니다. 유혹은 죄를 짓게 만드는 것

입니다. 유혹은 우리를 망가뜨립니다. 하지만 시험은 다릅니다. 시험은 더 높은 차원, 더 높은 단계로 올라갈 수 있도록 준비된 것입니다. 초등학교에서 중학교로 올라가기 위해서 시험을 칩니다. 중학교에서 고등학교를 올라가기 위해 시험을 칩니다. 고등학교에서 대학교에 입학하기 위해 시험을 칩니다. 시험을 잘 통과하면 그다음 단계로 올라가게 됩니다. 하나님은 아브라함을 유혹하신 것이 아니라 시험 문제를 내어 주십니다.

> 그 일 후에 하나님이 아브라함을 시험하시려고 그를 부르시되 아브라함아 하시니 그가 이르되 내가 여기 있나이다 창 22:1

하나님이 아브라함에게 내어 주신 시험은 어떤 시험이었을까요? 우리도 같은 시험을 치러야 합니다.

하나님은 우리의 사랑을 시험하십니다

사랑한다는 것은 아끼는 것입니다. 하나님은 가장 사랑하고, 가장 아끼는 것이 무엇인지를 시험하십니다. 하나님은 아브라함이 이삭을 주신 하나님을 사랑하는지, 아니면 이삭을 사랑하는지를 테스트하고 계십니다. 선물을 사랑하는지, 아니면 선물을 주신 하나님을 사랑하는지 테스트하고 계십니다. 우리가 이런 시험 문제를 받으면 정답을 압니다. 당연히 선물보다 선물을 주시는 분을 사랑해야 합니다. 하지만 그것이 말처럼 쉽지 않습니다. 논리와 이론처럼 쉽지 않습니다.

놀라운 사실은 아브라함이 이 시험을 잘 통과했다는 것입니다. 하나님이 그를 칭찬하시면서 사용하신 표현을 살펴보십시오.

> 네가 네 아들 네 독자까지도 내게 아끼지 아니하였으니 내가 이제야 네가 하나님을 경외하는 줄을 아노라 창 22:12b

하나님은 아브라함이 시험을 쉽게 통과하리라고 생각하지 않으셨을 것입니다. 우상이란 우리가 하나님보다 더 사랑하고 아끼는 것입니다. 우상은 위험합니다. 우상은 하나님과 우리 사이를 가로막고 있습니다. 그런데 그 우상이 하나님이 선물로 주신 것일 수 있습니다. 그 우상이 우리가 가장 아끼는 것일 수 있습니다. 유일하게 내려놓을 수 없는 것일 수 있습니다. 왜 우리가 좋아하고 사랑하는 것이 문제가 될까요? 왜 그것이 무거운 짐이 될까요? 바로 그 좋아하고 사랑하는 것에 집착하기 때문입니다. 그것 때문에 늘 노심초사하게 되는 까닭입니다. 우리가 좋아하고, 우리가 사랑하고, 우리가 소유하는 것에 노예가 될 수 있습니다. 참된 안식은 자유함에 있는데 노예 상태에서는 결코 자유함을 누릴 수 없습니다. 하나님은 그런 까닭에 아브라함에게 이삭을 바치라고 명하신 것입니다.

하나님은 우리의 순종을 시험하십니다

아브라함은 순종의 사람이었습니다. 하나님이 그의 나이 75세가 되었을 때 그의 본토 친척 집을 떠나 하나님이 지시한 땅으로 가라고 말씀하셨습니다. 그것은 결코 쉬운 일이 아니었습니다. 그가 살고 있던 바벨론, 즉 갈대아 우르에서 가나안 땅까지는 결코 짧은 거리가 아니었습니다. 또 한 번도 가본 적이 없는 땅이었습니다. 하지만 그는 순종했습니다(히 11:8).

아브라함의 순종이 쉬웠을 것이라고 생각하지 마십시오. 순종이란 어려운 것입니다. 순종이란 하나님의 말씀에 대한 반응입니다. 하나님이 말씀하신 대로 행동에 옮기는 것입니다. 순종이 쉽다면 그것이 시험이 될 리가 없습니다. 하나님은 순종하는 사람에게 많은 상을 약속하셨습니다. 하지만 순종하는 사람은 적습니다. 그것도 온전히 순종하는 사람은 소수입니다. 아브라함도 마찬가지입니다. 그가 갈대아 우르를 떠나는 순종은 했지만 온전한 순종은 아니었습니다. 하나님은 아비 집을 떠나라고 말씀했는데 조카 롯을 데리고 떠났습니다. 그의 순종은 반쪽짜리 순종이었습니다. 우리의 순종은 신앙의 초기 단계에는 온전하지 못합니다. 하지만 창세기 22장에서 보여 준 아브라함의 순종은 온전한 순종입니다. 하나님은 그의 순종에 대해 칭찬하십니다(창 22:18).

개역개정은 아브라함이 하나님의 말씀에 준행했다고 말씀합니다. 준행했다는 말은 순종했다는 말씀입니다. 현대인의 성경은 순종이라는 단어를 쓰고 있습니다.

그리고 네가 나에게 순종하였으므로 네 후손을 통해 세상의 모든 민족이 복을 받을 것이다 창 22:18, 현대인의 성경

하나님은 우리의 믿음을 시험하십니다

아브라함의 믿음은 여러 가지 상황에서 시험을 받으며 성장합니다. 아브라함의 믿음이 처음부터 온전했던 것은 아닙니다. 믿음이란 신뢰를 의미합니다. 그가 처음부터 하나님을 온전히 신뢰했던 것은 아닙니다. 그는 신앙의 여정에서 자주 넘어졌습니다. 하나님을 신뢰하기보다는 자신의 꾀를 신뢰했습니다. 그래서 자기 아내 사라를 누이라고 두 번이나 거짓말을 했습니다. 그가 거짓말을 한 것은 하나님이 그를 온전히 지켜 주실 것이라고 믿지 못한 까닭입니다.

하나님은 그에게 후손을 주시겠다고 약속했지만 그 약속을 온전히 신뢰하지 못하고 조카 롯을 후사로 생각했습니다. 조카 롯이 그의 곁을 떠났을 때 그의 충성된 종 엘리에셀을 후사로 생각했습니다. 하나님이 엘리에셀은 그의 후사가 될 수 없다고 말씀하셨을 때 그는 하갈을 통해 이스마엘을 얻고 그를 후사로 생각했습니다. 그의 믿음은 여러 번 흔들렸습니다. 그럼에도 하나님은 아브라함을 포기하지 않으셨습니다. 그에게 거듭 새롭게 시작할 수

있는 기회를 주셨습니다.

　아브라함의 나이 99세가 되었을 때 하나님은 그를 찾아오셔서 아들을 주시겠다고 말씀하십니다. 창세기를 보면 그의 믿음과 사라의 믿음이 잠시 흔들립니다. 하지만 거듭 하나님이 아브라함과 사라를 설득하십니다. 그들 안에 믿음을 넣어 주심으로 놀라운 기적을 경험하게 하십니다. 이것이 하나님의 은혜입니다.

　아브라함은 그의 실패를 통해 하나님을 더욱 신뢰하게 됩니다. 그의 거짓말과 불신앙에도 불구하고 계속해서 찾아오는 하나님의 사랑으로 하나님을 더욱 신뢰하게 됩니다. 창세기 22장에서 아브라함이 이삭을 바치는 순간에 하나님을 향한 그의 신뢰를 보여 줍니다. 하나님을 향한 신뢰는 하루아침에 생기는 것이 아닙니다. 아브라함이 보여 준 온전한 신뢰의 단계에 이르기까지 많은 회의와 좌절과 넘어짐의 과정을 통과해야 했습니다.

　온전한 사랑 속에는 온전한 순종이 담겨 있습니다. 온전한 순종 속에는 온전한 신뢰가 담겨 있습니다. 온전한 신뢰는 온전한 맡김을 의미합니다. 그 결과는 안식과 자유함입니다. 온전한 신뢰 속에는 믿음의 기대가 있습니다. 아브라함은 이삭을 바치러 가는 과정에서 거룩한 기대를 하고 있습니다. 아브라함은 그의 종들에게 이삭과 함께 하나님을 예배한 후에 이삭과 함께 돌아올 것이라고 말합니다.

이에 아브라함이 종들에게 이르되 너희는 나귀와 함께 여기서 기다리라 내가 아이와 함께 저기 가서 예배하고 우리가 너희에게로 돌아오리라 하고 창 22:5

이 말씀에서 우리의 눈길을 머물게 하는 말씀은 "우리가 너희에게로 돌아오리라"는 마지막 부분입니다. 분명 이삭을 번제로 드리면 혼자 돌아와야 합니다. 하지만 그는 하나님을 신뢰함으로 거룩한 기대를 갖고 있습니다. 번제로 드리지만 함께 돌아올 수 있을 것이라는 거룩한 기대를 합니다.

번제 단을 향해 나아가면서 이삭이 번제할 어린양은 어디에 있는지 묻습니다. 그는 아버지와 함께 번제를 드렸던 경험이 많이 있었습니다. 아브라함은 하나님께 번제를 드릴 때 이삭을 데리고 갔고, 그때마다 번제로 드릴 어린양을 준비해 갔습니다. 그런데 이번에는 어린양이 없었습니다. 이삭이 번제할 어린양은 어디에 있는지 아버지께 묻습니다(창 22:6-7).

이삭의 질문에 대한 아브라함의 대답을 주의해서 보십시오.

아브라함이 이르되 내 아들아 번제할 어린양은 하나님이 자기를 위하여 친히 준비하시리라 하고 두 사람이 함께 나아가서
창 22:8

아브라함의 대답이 참 이해하기 어렵습니다. 이삭을 바치러 가면서도 하나님께 거룩한 기대를 갖고 있습니다. 하나님이 번제할 어린양을 자기를 위하여 친히 준비하실 것이라는 거룩한 기대를 가지고 있습니다.

믿음은 거룩한 기대입니다.
믿음은 기대할 수 없는 상황에서도 하나님을 기대하는 것입니다.
믿음은 바랄 수 없는 상황에서도 바라는 것입니다.

아브라함이 바랄 수 없는 상황에서도 바라는 경험을 했던 것은 그가 99세가 되었을 때입니다. 바울은 로마서에서 아브라함의 믿음을 다음과 같이 기록하고 있습니다.

> 아브라함이 바랄 수 없는 중에 바라고 믿었으니 이는 네 후손이 이 같으리라 하신 말씀대로 많은 민족의 조상이 되게 하려 하심이라 그가 백 세나 되어 자기 몸이 죽은 것 같고 사라의 태가 죽은 것 같음을 알고도 믿음이 약하여지지 아니하고 믿음이 없어 하나님의 약속을 의심하지 않고 믿음으로 견고하여져서 하나님께 영광을 돌리며 약속하신 그것을 또한 능히 이루실 줄을 확신하였으니 롬 4:18-21

집착을 내려놓음

우리의 욕망은 쉽게 집착이 될 수 있습니다. 우리가 집착하는 것이 우상이 됩니다. 우상은 눈에 보이는 것만이 아닙니다.

우상이란 하나님과 우리 사이를 가로막고 있는 것입니다.

우리는 하나님을 바라보고 하나님을 예배해야 합니다. 하나님을 경외해야 합니다. 그때 우리는 진정한 자유와 참된 안식과 최상의 즐거움을 누릴 수 있습니다. 문제는 우리가 집착하는 어떤 것에 우리의 눈과 마음이 고정될 때 하나님을 바라볼 수 없게 된다는 사실입니다. 우리는 하나님을 경외하기보다는 집착하는 것 때문에 걱정하고, 그것을 잃을까 두려워하며 살아갑니다.

우상은 최상의 것이 아니라 차선의 것에 집착하는 것을 의미합니다. 그것에 노예가 되는 것을 의미합니다. 우상은 하나님이 아닌 것을 의지하는 것입니다. 아브라함은 어느 순간부터 하나님보다 이삭을 더 의지했는지 모릅니다.

하나님은 우리의 욕망을 정죄하지 않으십니다. 욕망은 에너지입니다. 욕망은 갈망입니다. 선한 욕망은 우리를 유익하게 하고 복되게 합니다. 문제는 우리의 욕망이 쉽게 잘못될 수 있다는 것입니다. 욕망은 얼마든지 탐욕으로 변질될 수 있습니다. 욕망이 집착으로 변질될 수 있습니다. 아들을 갖고 싶은 아브라함의 욕망은 정당한 것이었습니다. 그 욕망은 하나님이 지속적으로 그의 안에 심어 준 것이었습니다. 하나님은 아브라함과 사라가 그 욕망을 포기하려고 할 때마다 찾아오셔서 그 욕망의 불꽃을 다시 지펴 주셨습니다. 그래서 그가 얻게 된 아들이 이삭입니다. 그런데 그 아들이 어느 날부터 그의 집착이 되고 말았습니다. 그의 우상이 되고 만 것입니다. 이삭이 하나님보다 소중하게 된 것입니다.

아브라함은 언제부턴가 하나님을 바라보기보다 이삭을 바라보았습니다. 하나님을 경외하기보다 이삭의 안전을 더 두려워하게 되었습니다. 그것은 이삭이 점점 그의 마음의 성소에 자리를 잡고 있는 우상이 되고 있음을 의미했습니다. 그래서 하나님이 아브라함에게 그의 아들 이삭을 모리아 산에서 번제로 드리라고 말씀하신 것입니다. 부모는 무엇보다 그리고 누구보다 자녀를 내려놓는 것이 어렵다는 것을 압니다. 일평생을 끌어안고 사는 것이 자녀입니다. 그 집착, 그 집요함은 부모가 되어 보지 않은 사람은 알 수 없습니다. 다른 것은 다 포기해도, 다른 것은 다 내려놓아도 자식만큼 내려놓지 못하는 것을 보게 됩니다.

하나님께 이삭을 드리기 위해 먼저 내려놓아야 합니다

내려놓음은 쉬운 것이 아닙니다. 아브라함은 그가 가장 아끼고 사랑하는 이삭을 번제 단 위에 내려놓았습니다.

> 하나님이 그에게 일러 주신 곳에 이른지라 이에 아브라함이 그 곳에 제단을 쌓고 나무를 벌여 놓고 그의 아들 이삭을 결박하여 제단 나무 위에 놓고 창 22:9

마지막 단어가 "놓고"입니다. 아브라함은 하나님 앞에 이삭을 내려놓았습니다. 우리의 이삭이 무엇이든지 내려놓는 것이 중요합니다. 내려놓기 위해서는 두 손을 펴야 합니다. 그런데 두 손을 펴는 것이 쉽지 않습니다. 우리는 소중히 여기는 것이나 집착하는 것을 놓지 않으려고 합니다. 주먹을 꽉 움켜쥐게 됩니다.

한 가지 예로 정신병원에 수용된 할머니의 이야기는 이러한 태도를 잘 드러냅니다. 그녀는 몹시 흥분했고, 눈에 띄는 모든 것에 달려들었으며, 의사가 모든 것을 빼앗아 버려야 할 만큼 모든 사람들을 질겁하게 만들었습니다. 그런데 그녀는 작은 동전 하나를 손에 쥐고 끝내 내놓으려 하지 않았습니다. 실제로 그 움켜쥔 손 하나를 펴는 데 두 사람의 힘이 필요했습니다. 그녀는 마치 그 동전을 자신의 존재 자체인 양 여겼습니다. 그녀는 사람들이 자신에게서 마지막 소유물을 빼앗으면, 더 이상 아무것도 갖지 못할 것입니다. 그것이 그녀의 두려움이었습니다.[1]

---

1 헨리 나우웬, 《열린 손으로》, 성바오로, 1997, 20-21쪽.

우리는 할머니의 손에 들어 있던 작은 동전 하나를 우습게 여길 수 있습니다. 하지만 그 할머니에게는 그것이 전부였습니다. 그 할머니에게 작은 동전은 마치 아브라함의 품에 있던 이삭과 같았습니다. 그런 까닭에 누구나 주먹에 움켜쥐고 있는 것이 무엇인지를 잘 살펴야 합니다. 왜냐하면 그것이 이삭일 수 있기 때문입니다. 어떤 사람에게는 과거의 상처와 고통, 미움과 질투, 복수심과 원한 맺힘과 같은 것일 수 있습니다.

우리가 누군가를 복수하기 위해 기회를 노리고 있다면 그것은 무서운 집착이 될 수 있습니다. 그것은 자신의 과거에 대한 집착입니다. 그것을 내려놓기 전까지는 결코 안식할 수 없습니다. 용서를 통해 내려놓을 때 참된 자유를 경험하게 됩니다. 그런 면에서 용서는 안식에 이르는 길입니다. 용서는 자유하게 되는 길입니다.

하나님께 내려놓은 후에 내어드려야 합니다

내려놓음이 있어야 내어드림이 있습니다. 아브라함은 모리아 산에 가기 전에 밤을 새워 기도했을 것입니다. 밤을 새워 기도하는 중에 마음의 제단에 이삭을 내려놓았을 것입니다. 내려놓지 않으면 내어드릴 수 없습니다. 하나님이 요구하셨던 것은 이삭을 번제로 드리라는 것입니다.

여호와께서 이르시되 네 아들 네 사랑하는 독자 이삭을 데리고

> 모리아 땅으로 가서 내가 네게 일러 준 한 산 거기서 그를 번제로 드리라 창 22:2

"그를 번제로 드리라"는 마지막 단어에 주의해 보십시오. 예배는 드림입니다. 가장 소중한 것을 드리는 것이 예배입니다. 참된 예배를 드리기 위해서는 엄청난 값을 지불해야 합니다. 아브라함은 하나님을 만난 후에 일평생 예배자로 살았습니다. 어린양을 번제로 드리며 하나님을 예배했습니다. 그런데 하나님이 그에게 어린양이 아닌 이삭을 번제로 드리라고 말씀하십니다. 가장 아끼는 것, 유일한 것, 즉 독자, 가장 사랑하는 것을 번제로 드리라고 말씀합니다. 하나님이 아브라함에게 아브라함 자신을 번제로 드리라고 했으면 쉬웠을 것입니다. 그는 이제 나이가 들었습니다. 살 만큼 살았습니다. 이삭을 드리는 것보다 자신을 드리는 것이 더 쉬웠을 것입니다. 이삭을 드리는 것은 어렵습니다. 왜냐하면 이삭은 하나님의 약속의 자녀였기 때문입니다. 늦은 나이에 그의 아내 사라에게 웃음을 선물해 준 아들인 까닭입니다.

> 사라가 이르되 하나님이 나를 웃게 하시니 듣는 자가 다 나와 함께 웃으리로다 창 21:6

하나님이 아브라함에게 사라를 번제로 드리라고 했으면 어떻게 되었을까요? 그런 질문에 대한 답은 너무 복잡하기 때문에 생략하는 것이 좋습니다. 놀라운 사실은 아브라함이 이삭을 하나님께 번제로 드리기 위해 그를 제단에 올려놓은 것입니다.

하나님께 내어드린 후에 하나님께 내어맡기십시오

내려놓음 – 내어드림 – 내어맡김

내려놓음에서 내어드림을 향해 우리의 신앙은 성숙해 갑니다. 또한 내어드림은 내어맡김을 향해 나아갑니다.

> 네 짐을 여호와께 맡기라 그가 너를 붙드시고 의인의 요동함을 영원히 허락하지 아니하시리로다 시 55:22
> 네 길을 여호와께 맡기라 그를 의지하면 그가 이루시고 시 37:5

아브라함이 이삭을 내어드림은 하나님의 손에 이삭을 맡긴 것입니다. 자신의 손에 있던 이삭을 하나님의 손으로 옮겨 놓은 것입니다. 이제 그의 손에는 아무것도 없습니다. 이제 그는 자유 합니다. 그의 주먹은 펴져 있습니다. 그는 더 이상 긴장하지 않습니다. 그는 더 이상 불안하지 않습니다. 그는 더 이상 염려하지 않습니다. 하나님께 맡긴 까닭입니다.

내어맡김은 신뢰입니다. 아브라함이 이삭을 하나님께 맡긴 것은 그가 하나님을 신뢰하는 까닭입니다. 어떻게 아브라함은 이삭을 하나님께 맡길 수 있을 만큼 그분을 신뢰할 수 있었을까요? 그것은 아브라함이 하나님을 경험적으로 알았기 때문입니다. 우리는 아무에게나 우리의 소중한 것을 맡기지 않습니다. 우리는 오직 신뢰할 수 있는 분께 우리의 소중한 것을 맡깁니다. 우리보다 더 잘 돌보아 줄 수 있는 분께 맡깁니다. 그분은 오직 한 분뿐입니다. 우리가 믿는 하나님이십니다. 우리가 하나님을 알수록 하나님을 신뢰할 수 있습니다. 아브라함이 처음부터 하나님을 온전히 신뢰할 수 있었던 것은 아닙니다. 그는 작은 내어맡김을 실천함으로 점점 더 큰 내어맡김을 시도할 수 있었습니다.

> 우리가 취하는 "작은" 내어맡김의 행위 하나하나는, 하나님은 우리가 신뢰할 수 있는 분이며, 우리가 앞으로 요구받을 더 큰 내어맡김을 위해 그분을 신뢰할 수 있도록 우리를 준비시킨다는 것을 확인시켜 준다.[2]

아브라함은 100세의 나이에 아들 이삭을 낳으면서 하나님은 죽은 자를 살리시고 없는 것을 있는 것처럼 부르시는 분이심을 알게 되었습니다(롬 4:17).

---

2 낸시 레이 드모스, 《내어맡김》, 생명의말씀사, 2006, 116쪽.

그는 죽은 몸과 같은 자신의 몸과 사라의 몸이 다시 살아나는 것을 경험했습니다. 그는 부활을 경험했습니다. 그런 까닭에 하나님께 아들 이삭을 번제로 바칠 때 그가 부활할 것을 믿었습니다. 아브라함은 인류 역사상 부활 신앙을 가졌던 최초의 사람입니다. 그의 부활 믿음을 히브리서는 다음과 같이 기록하고 있습니다.

> 그가 하나님이 능히 이삭을 죽은 자 가운데서 다시 살리실 줄로 생각한지라 비유컨대 그를 죽은 자 가운데서 도로 받은 것이니라
>
> 히 11:19

하나님은 죽은 자를 살리십니다. 없는 것을 있는 것처럼 부르십니다. 하나님의 손에 맡긴 것은 안전합니다.

우리는 우리의 보배의 안전에 대해 염려하기 때문에 우리의 보배를 주님께 드리기를 지체한다. 특히 우리의 보배가 사랑하는 친척이나 친구들일 때 더욱 그렇다. 그러나 우리는 그러한 염려를 할 필요가 없다. 우리 주님은 멸하러 오신 것이 아니라 구원하러 오셨기 때문이다. 우리가 주님께 드린 모든 것은 안전하고, 그렇게 드려지지 않은 모든 것은 실제로 안전하지 못하다.[3]

---

3 에이든 토저, 《하나님을 추구함》, 생명의말씀사, 2006, 31쪽.

빈손에 가득 채워지는 하나님의 복

우리는 빈손이 되는 것을 두려워합니다. 그런 까닭에 마지막 동전 하나라도 붙잡으려고 몸부림칩니다. 남아 있는 것이 있으면 마지막 순간이라도 그것을 의지하려고 합니다. 그것을 붙잡으려고 합니다. 하지만 우리가 모르는 것이 하나 있습니다. 그것은 우리가 붙잡고 있는 것을 내려놓을 때 더 좋은 것, 최상의 것이 우리를 찾아온다는 사실입니다.

채움이 있기 위해서는 먼저 비움이 있어야 합니다. 꽉 차 있는 그릇에는 어떤 것도 담을 수가 없습니다. 아브라함의 손이 빈손이 되었을 때 하나님은 그에게 놀라운 복을 부어 주십니다.

하나님은 우리가 드린 것을 다시 돌려주십니다

이것이 영적 세계의 신비입니다. 하나님은 바치라고 말씀하신 후에 우리가 바치고 나면 그것을 다시 돌려주십니다. 이삭을 바쳤더니 그를 다시 돌려주셨습니다. 이 사실을 히브리서는 다음과 같이 기록하고 있습니다.

> 그를 죽은 자 가운데서 도로 받은 것이니라 히 11:19b

하지만 아브라함은 더 이상 이삭에게 집착하지 않았습니다.

하나님께 맡긴 까닭입니다. 그는 이삭을 돌려받았지만 더 이상 소유하지 않았습니다. 이미 그를 하나님께 맡긴 까닭입니다.

하나님이 돌려주실 때는 좋은 것들을 더해 돌려주십니다.

하나님은 심은 것보다는 항상 더 많이 거두게 하십니다. 이것이 하나님의 원리입니다. 자연의 원리입니다. 우리가 무엇을 심으면 그 심은 것보다 많은 것을 거두게 됩니다.

하나님은 아브라함에게 큰 복을 주셨습니다. 하나님이 주시는 복에도 작은 복이 있고 큰 복이 있습니다. 이삭을 바쳤더니 아브라함에게 이삭을 돌려주셨을 뿐만 아니라, 큰 복까지 부어 주셨습니다(창 22:16-18). 모리아 산 번제 단에서 하나님의 음성을 함께 들었던 사람이 있습니다. 이삭입니다. 이삭을 통해 아브라함의 씨가 크게 번성하여 하늘의 별과 같고 바닷가의 모래와 같게 될 것이라고 말씀하셨습니다.

하나님은 최상의 것을 선물로 주십니다

이삭을 하나님께 바쳤을 때 하나님은 아브라함에게 이삭을 대신해서 번제로 드릴 어린양을 허락해 주십니다.

사자가 이르시되 그 아이에게 네 손을 대지 말라 그에게 아무 일도 하지 말라 네가 네 아들 네 독자까지도 내게 아끼지 아니하였으니 내가 이제야 네가 하나님을 경외하는 줄을 아노라 아브라함이 눈을 들어 살펴본즉 한 숫양이 뒤에 있는데 뿔이 수풀에 걸려 있는지라 아브라함이 가서 그 숫양을 가져다가 아들을 대신하여 번제로 드렸더라 창 22:12-13

하나님이 그를 위해 숫양을 예비하셨습니다. 하나님이 그 숫양을 가져다가 아들을 대신하여 번제로 드렸습니다. 이것이 대속의 은혜입니다. 숫양이 이삭을 대신해서 죽임을 당한 것입니다. 예수님은 아브라함이 숫양을 통해 자신의 때를 보았다고 말씀합니다. 그리고 즐거워했다고 말씀합니다(요 8:56).

내려놓으면 최상의 것을 얻게 됩니다. 우리에게 최상의 것은 무엇일까요? 예수님입니다. 아브라함은 어린양 예수님을 얻었습니다. 그분의 때를 바라보며 즐거워하게 되었습니다. 영원히 간직할 수 있는 분을 얻었습니다. 영원히 흔들리지 않는 분을 얻었습니다. 우리가 소중히 여기는 것까지 맡아서 보호해 줄 수 있는 분을 얻었습니다. 아브라함은 결국 하나님을 얻었습니다. 하나님을 소유했습니다. 아브라함은 하나님과 친구가 되었습니다. 인류 역사상 독생자를 내어 주신 하나님 아버지의 마음을 처음 안 사람이 아브라함입니다. 그래서 아브라함은 하나님의 벗이 됩니다.

나의 벗 아브라함의 자손아 _사 41:8b_

이에 성경에 이른 바 아브라함이 하나님을 믿으니 이것을 의로 여기셨다는 말씀이 이루어졌고 그는 하나님의 벗이라 칭함을 받았나니 _약 2:23_

하나님은 좋은 만남을 예비해 주십니다

창세기 22장은 놀라운 이야기입니다. 구속의 드라마의 예고편과 같습니다. 구속의 드라마의 절정은 예수님의 탄생과 죽으심과 부활입니다. 하나님이 이삭을 살려 두신 이유가 있습니다. 장차 오실 그리스도의 탄생을 위해서입니다. 예수님은 유다 지파를 통해 이 땅에 태어나게 됩니다. 그러면 어떻게 유다 지파가 형성될까요? 유다는 야곱의 열두 아들 중 하나입니다. 야곱의 아버지와 어머니는 누구일까요? 이삭과 리브가입니다. 하나님은 아브라함에게 이삭을 바치라고 할 때 아브라함이 순종할 것을 아신 것이 분명합니다.

하나님은 아무 때나 아브라함에게 이삭을 바치라고 명하신 것이 아닙니다. 하나님은 아브라함이 이삭을 바칠 만큼 그의 신앙이 성장한 것을 아셨습니다. 그런 까닭에 숫양을 미리 준비하셨습니다. 또한 장차 이삭의 신부가 될 리브가를 예비하셨습니다. 창세기 22장 마지막 부분을 보면 아브라함의 형제 나홀의 자녀 이야기가 나옵니다. 그 기록 속에 등장하는 이름 중 하나가 리브가입니다.

이 여덟 사람은 아브라함의 형제 나홀의 아내 밀가의 소생이며 브두엘은 리브가를 낳았고 창 22:23

결국 이삭은 리브가를 만나 야곱과 에서를 낳습니다. 그리고 야곱은 레아를 통해 유다를 낳게 됩니다. 또한 유다를 통해 우리 죄를 담당하실 어린양 예수 그리스도께서 오시게 됩니다. 내어드림을 통해 놀라운 축복이 전개되는 것을 보십시오. 내려놓음, 내어드림, 내어맡김은 결코 낭비가 아닙니다. 슬픈 일이 아닙니다. 복된 일입니다. 안식에 이르는 일입니다. 즐거운 일입니다.

십자가의 내어주심

창세기 22장은 바로 십자가의 이야기입니다. 아브라함이 이삭을 번제로 드렸던 장소는 모리아 산입니다. 모리아 산은 예루살렘입니다. 솔로몬이 성전을 지은 곳입니다(대하 3:1a).

예수님은 베들레헴에서 태어나셨지만 예루살렘 모리아 산에서 십자가에 못 박혀 돌아가셨습니다. 아브라함이 이삭을 하나님께 내어드린 것처럼 하나님 아버지는 독생자 예수님을 십자가에 내어 주셨습니다.

하나님은 이삭을 위해 숫양을 예비하셨습니다. 숫양은 이삭을 대신해서 죽었습니다. 하지만 하나님은 예수님을 위해 숫양을 예비하지 않으셨습니다. 예수님을 위해 대신 죽어 줄 숫양은 없었습니다. 예수님이 우리를 대신해서 친히 죽으신 것입니다. 아브라함은 이삭을 드림으로 안식을 얻었습니다. 더 중요한 것은 아브라함은 장차 참된 안식을 주실 숫양을 모리아 산에서 만났다는 것입니다. 예수님은 친히 숫양이 되어 십자가에 죽으시고 부활하심으로 우리에게 안식을 주셨습니다.

예수님은 안식일의 주인이십니다. 안식의 원천이십니다. 안식을 주시는 분입니다. 예수님은 십자가에서 두 손을 펴서 자신을 하나님 아버지의 손에 맡기셨습니다(눅 23:46).

예수님은 아무에게도 복수하지 않으셨습니다. 아무도 욕하지 않으셨습니다. 예수님은 십자가에서 자기를 못 박아 죽이는 사람들을 용서하시고 모든 것을 하나님께 맡기셨습니다.

> **이에 예수께서 이르시되 아버지 저들을 사하여 주옵소서 자기들이 하는 것을 알지 못함이니이다 하시더라** 눅 23:34a
>
> **욕을 당하시되 맞대어 욕하지 아니하시고 고난을 당하시되 위협하지 아니하시고 오직 공의로 심판하시는 이에게 부탁하시며**
>
> 벧전 2:23

용서처럼 우리에게 안식을 주는 것은 없습니다. 예수님은 우리의 죄를 용서하십니다. 그러니 우리도 다른 사람의 죄를 용서해야 합니다. 그때 안식을 경험하게 됩니다. 원수 갚는 것을 좋아하지 마십시오. 하나님께 맡기십시오.

> 내 사랑하는 자들아 너희가 친히 원수를 갚지 말고 하나님의 진노하심에 맡기라 기록되었으되 원수 갚는 것이 내게 있으니 내가 갚으리라고 주께서 말씀하시니라 롬 12:19

우리가 경험하는 것처럼 내려놓는 것은 쉽지 않습니다. 우리는 매일 내려놓아야 합니다. 지속적으로 내려놓아야 합니다. 날마다 하나님께 내어드려야 합니다. 날마다 하나님께 내어맡겨야 합니다. 그것이 영성 생활입니다. 그것이 기도입니다. 그것이 안식에 이르는 길입니다. 하나님이 감당하실 수 있는 일을 우리가 부둥켜안고 씨름하는 것은 지혜롭지 않습니다.

과거, 염려, 자녀, 사업, 직장생활 모두 내려놓으십시오. 내려놓음은 자포자기가 아닙니다. 절망이 아닙니다. 내려놓음은 새로운 기대입니다. 아브라함이 조카 롯을 내려놓고, 그가 선택한 비옥한 땅을 내려놓았을 때 하나님은 새로운 땅을 보여 주셨습니다. 그의 후손에 대한 새로운 비전을 허락해 주셨습니다(창 13:14-16). 내려놓으면 이전에 보지 못했던 것을 보게 됩니다. 새로운 땅, 새로운 만남을 보게 됩니다.

내려놓으면 새로운 것, 더 좋은 것이 찾아옵니다. 조카 롯을 내려놓았을 때 엘리에셀이 보였습니다. 엘리에셀을 내려놓았을 때 이스마엘이 찾아왔습니다. 이스마엘을 내려놓았을 때 이삭이 찾아왔습니다. 이삭을 내려놓았을 때 숫양이 찾아왔습니다. 이삭을 위해 리브가 찾아왔습니다. 내려놓으면 보입니다. 내어드리고, 내어맡기면 최상의 것이 찾아옵니다. 예배는 최상의 것을 드리는 것입니다. 우리가 드릴 최상의 예물은 예수님이십니다. 그의 보혈입니다.

우리가 모든 것을 내어맡길 때 아브라함처럼 우리는 하나님을 얻게 됩니다. 가장 소중한 분, 가장 부요하신 분, 우리를 가장 사랑하시는 분, 우리를 영원히 버리지 않으시고 떠나지 않으실 분을 얻게 됩니다. 아브라함이 이삭을 내어드리고 모리아 산을 내려왔을 때 그는 아무것도 소유하지 않았지만 모든 것을 소유한 자가 되었습니다. 그는 더 이상 이삭의 노예가 아니었습니다. 그는 자유자였습니다. 그는 하나님을 소유한 자유자였습니다. 그는 하나님 안에서 영원한 안식을 누리게 되었습니다. 아브라함의 안식의 복이 우리의 복이 되기를 바랍니다.

9

안식과 거룩한 즐거움

삼하 6:12-23

안식의 날에는 즐거워하라

하나님은 우리가 안식의 날에 즐거워하기 원하십니다. 하나님의 관심은 우리의 행복입니다. 우리의 기쁨입니다. 하지만 우리의 삶은 쉽지 않습니다. 인생은 어렵습니다. 문제의 연속입니다. 슬픔과 고통과 애통이 우리의 기쁨을 삼켜 버릴 때가 많습니다. 인생은 광야와 같고 사막을 건너는 것과 같습니다. 어느 누구에게 물어 보아도 인생이 힘들다고 말합니다. 이렇게 힘든 인생길에서 어떻게 즐거워할 수 있을까요?

우리는 크게 두 가지를 생각하며 살아갑니다. 하나는 즐거움이요, 다른 하나는 고통입니다. 우리는 즐거움을 증대시키고 고통은 줄이기를 원합니다. 즐거운 일은 자꾸 끌리지만, 고통스러운 일은 회피합니다. 하지만 우리는 즐거움과 고통이 서로 연결선상에 있음을 알아야 합니다. 우리는 고통 중에도 즐거워하고, 즐거워하는 중에도 고통스러워합니다.

> 웃을 때에도 마음에 슬픔이 있고 즐거움의 끝에도 근심이 있느니라 잠 14:13

미소를 짓고 있지만 그 마음에 슬픔이 깃들어 있습니다. 즐거움이 있지만 그 끝자락에 근심이 있습니다. 또한 우리 그리스도인은 환난 중에도 즐거워합니다(롬 5:3). 이것이 인생의 신비입니다. 하나님이 인생이라는 패키지 안에 기쁨과 슬픔을 함께 담아서 우리에게 선물로 주신 것입니다. 슬픔만 지속되면 우리는 살아가는 것이 힘듭니다. 고통은 계속되지 않습니다. 고통 중에 놀라운 기쁨이 우리 안에서 솟구쳐 올라옵니다. 그렇다고 늘 기쁨이 지속되는 것도 아닙니다. 기쁨 중에도 왠지 모르는 고통이 우리 안에 있습니다. 우리가 안식의 날에 즐거워해야 하는 까닭이 여기 있습니다. 고통스런 인생 중에도 힘 있게 살아가기 위해서는 즐거워하는 날이 있어야 합니다. 그래야만 고통을 이길 수 있습니다. 슬픔을 극복할 수 있습니다. 사무엘하 6장에서 다윗은 하나님 앞에서 춤추며 뜁니다. 하나님 앞에서 즐거워합니다.

> 다윗이 여호와 앞에서 힘을 다하여 춤을 추는데 그때에 다윗이 베 에봇을 입었더라 삼하 6:14

그런데 하나님 앞에서 춤추는 다윗의 모습을 보며 업신여기는 여인이 있습니다. 그의 아내 미갈입니다.

> 여호와의 궤가 다윗 성으로 들어올 때에 사울의 딸 미갈이 창으로 내다보다가 다윗 왕이 여호와 앞에서 뛰놀며 춤추는 것을 보고 심중에 그를 업신여기니라 삼하 6:16

미갈은 하나님 앞에서 즐거워하지 않습니다. 하나님 앞에서 즐거워하는 것을 심중에 업신여기고 있습니다. 하나님은 다윗을 사랑하셨습니다. 다윗을 하나님 마음에 합한 자라고 칭찬하셨습니다. 왜냐하면 그는 하나님 앞에서 즐거워할 줄 알았기 때문입니다. 우리는 다윗을 통해 하나님 앞에서 즐거워하는 것을 배워야 합니다. 왜냐하면 즐거워하는 것도 선택이기 때문입니다. 어떤 상황에서도 인간은 선택을 통해 즐거워할 수 있습니다. 반대로 아무리 좋은 상황에서도 스스로 불행하다는 생각을 선택할 수 있습니다. 하나님은 안식의 날에는 즐거워하길 원하십니다. 왜냐하면 하나님은 우리가 즐거워하는 것이 큰 기쁨이 되시기 때문입니다.

하나님 앞에서 즐거워하는 것

다윗은 하나님 앞에서 즐거워하고 있습니다. 그는 왕이 되기까지 많은 고통을 겪었습니다. 거의 13년 동안 사울 왕의 추적을 받았습니다. 그 기간 동안 그는 광야에서 살았습니다. 어두운 아둘람 굴에 살았습니다. 그 기간 동안 그는 가난했습니다. 오해를 받았습니다. 비방하는 소리를 들었습니다. 위협을 받았습니다. 하지만 그는 그 고통스런 기간을 잘 견뎠습니다. 오랜 기다림 끝에 사울이 죽은 후 왕이 되었습니다.

왕이 된 후에 그는 하나님의 궤를 시온 성으로 옮겨 오면서 하나님 앞에 뛰놀며 춤을 추고 있습니다. 그의 즐거움은 세상 사람들이 추구하는 즐거움과 차원이 다른 즐거움입니다. 어떤 즐거움은 파괴적일 수 있습니다. 어떤 즐거움은 죄를 지으면서 추구할 수 있습니다. 그 즐거움은 오래가지 않습니다. 그 즐거움은 자신을 파괴하고 가정을 파괴하고 공동체를 파괴합니다. 세상 사람들은 쾌락을 추구합니다. 쾌락 자체가 잘못된 것이 아닙니다. 하나님은 우리 인간에게 쾌락의 본능을 심어 주셨습니다. 중요한 것은 어떤 종류의 쾌락인가입니다.

　죄악에도 낙이 있습니다. 모세는 죄악의 낙을 거부했습니다. 오히려 하나님의 백성과 함께 고난을 받으면서 경험하는 신비로운 즐거움을 선택했습니다. 고난받는 백성들을 구원하는 즐거움을 선택했습니다. 하나님의 뜻을 이루는 즐거움을 선택했습니다 (히 11:25). 즐거움에 대해 이야기할 때 먼저 기억해야 할 것은 즐거움 자체가 결코 나쁜 것이 아니라는 점입니다. 조나단 에드워즈는 이 점을 강조하고 있습니다.

> 신앙은 사람이 여러 가지 감각으로 즐거움을 누리는 것을 부인하지 않습니다. 단 적당하고 절제 있으며, 합리적인 방식으로 이루어져야 합니다. 하나님은 우리에게 풍성한 은혜로 많은 것을 주셔서 우리의 여러 가지 감각으로 즐거움을 누리게 하셨습니다. … 신앙

은 우리의 감각을 무용지물로 만들지 않으며, 우리가 감각으로 누리는 즐거움을 없애 버리지도 않습니다.[1]

또한 조나단 에드워즈는 건전하지 않은 악인의 즐거움에 대해 경고하고 있습니다.

악인이 누리는 죄악 되고 비이성적이며 짐승과 같은 즐거움은 더 많은 슬픔을 초래합니다. 악인은 잠시 동안 약간의 즐거움을 맛볼 수 있습니다. 그러나 잠시 후 그 즐거움은 슬픔과 고통으로 변합니다. … 죄가 주는 모든 즐거움은 대부분 즐거움보다 고통을 더 많이 줍니다. … 죄는 다양한 방식으로 인생의 즐거움을 해칩니다. 신앙이 금하는 것은 바로 이런 죄악적인 즐거움입니다.[2]

다윗이 사무엘하 6장에서 보여 주는 즐거움은 경건한 즐거움입니다. 하나님 앞에서, 하나님을 기쁘시게 하는 즐거움입니다. 그는 하나님 앞에서 춤추며 뛰놀고 있습니다.

하나님은 슬픔이 변하여 춤이 되게 하십니다.

---

1 조나단 에드워즈, 《조나단 에드워즈 대표설교선집》, 부흥과개혁사, 2005, 80쪽.
2 조나단 에드워즈, 앞의 책, 84쪽.

다윗이 하나님 앞에서 춤을 출 수 있는 이유가 있습니다. 그 이유는 하나님이 그의 슬픔이 변하여 춤이 되게 하신 까닭입니다. 그는 한때 누구에게도 인정을 받지 못했던 사람입니다. 그는 이새의 여덟 번째 아들입니다. 가족들도 그를 무시했습니다. 그런데 하나님이 사무엘을 통해 그를 선택해 주셨습니다. 하나님이 많은 형제 중에 그에게 기름을 부어 주신 것입니다. 하지만 그의 인생은 그리 순탄하지 않았습니다. 골리앗 장군을 쓰러뜨린 후 잠시 영웅이 되었지만 사울의 추적을 받아 광야에서 방랑생활을 하게 됩니다. 그는 슬픔의 사람이 되었습니다. 그런데 하나님이 그의 슬픔이 변하여 춤이 되게 하신 것입니다.

미갈은 그가 하나님 앞에서 춤추며 뛰노는 것을 보고 마음으로 업신여겼습니다. 또한 그를 비난했습니다(삼하 6:20). 왕의 아내가 되어 왕에게 하는 말투가 정말 거칩니다. 미갈은 사울 왕의 딸입니다. 반면에 다윗은 목동이었다가 왕이 되었습니다. 미갈의 말투는 그런 과거의 다윗의 비천한 가정사를 논하는 것처럼 보입니다. 비아냥대는 투가 견디기 어렵습니다. "오늘 어떻게 영화로우신지 방탕한 자가 염치없이 자기의 몸을 드러내는 것처럼" 드러내었다는 것입니다. 다윗이 하나님 앞에서 즐거워하며 뛰놀며 춤을 추는 중에 그의 바지가 벗겨졌던 것입니다.

사전에서 '염치'라는 단어를 찾아보면 '체면을 차릴 줄 알며 부끄러움을 아는 마음'이라고 설명하고 있습니다. 미갈은 다윗이 체면을 차리지 않았다고 말합니다. 수치스럽게 행동했다고 말합니다. 다윗이 너무 천하게 행동했다고 말합니다. 하지만 다윗의 생각은 달랐습니다. 그는 자신이 하나님 앞에 뛰놀 수밖에 없는 이유를 설명합니다. 다윗은 하나님의 은혜 때문에 자신이 하나님 앞에서 뛰놀았다고 말합니다(삼하 6:21).

그는 그날 이후로 미갈을 가까이하지 않았습니다. 미갈은 하나님 앞에서 즐거워할 줄 몰랐던 여인입니다. 그녀는 예배자가 아니라 예배를 구경한 구경꾼이었습니다. 예배자가 아니라 예배자를 비방했던 여인입니다(삼하 6:22-23).

다윗은 하나님의 은혜를 경험했습니다. 그는 하나님만이 슬픔이 변하여 춤이 되게 하실 수 있는 분임을 경험했습니다.

> 주께서 나의 슬픔이 변하여 내게 춤이 되게 하시며 나의 베옷을 벗기고 기쁨으로 띠 띠우셨나이다 시 30:11

우리는 이러한 다윗의 시편 고백을 통해 희망을 갖게 됩니다. 우리에게는 슬픔이 있습니다. 우리는 베옷을 입고 살아가는 것 같습니다. 베옷은 슬픔을 상징합니다. 고통스런 일을 만났을 때 입는 옷이 베옷입니다. 그런데 하나님은 우리의 슬픔이 변하여 춤이 되게 하십니다. 베옷을 벗기시고 기쁨으로 띠를 띠워 주십니다. 여기서 우리는 아주 차원 높은 하나님의 지혜를 배우게 됩니다.

그것은 슬픔 중에 누리는 큰 기쁨입니다. 고통 중에 누리는 큰 환희입니다.

하나님은 우리의 고통을 아십니다. 슬픔을 아십니다. 하지만 하나님은 우리의 고통과 슬픔 중에도 춤을 추기를 원하십니다. 안식의 날은 일을 그치는 날입니다.

> 하나님이 그가 하시던 일을 일곱째 날에 마치시니 그가 하시던 모든 일을 그치고 일곱째 날에 안식하시니라 창 2:2

그침은 멈춤입니다. 잠시 일을 멈추고, 염려를 멈추고, 슬픔을 멈추는 것입니다. 그리고 즐거워하는 것입니다. 어떻게 그것이 가능할까요? 어떻게 슬퍼하는 현실 속에서도 즐거워할 수 있을까요? 헨리 나우웬은 《춤추시는 하나님》에서 그 비밀을 가르쳐 줍니다. 그는 고통을 부인하지 말라고 말합니다. 오히려 고통을 인정하고 고통 속으로 들어가라고 말합니다.

> 우리는 마땅히 상실을 슬퍼해야 한다. 이것이 춤의 첫 스텝이다. 아주 단순해 보이지만 대개는 그렇게 만만치 않다. 역설적으로 들리겠지만, 치유와 춤은 고통을 유발하는 원인을 직시하는 데서 시작한다.[3]

---

3 헨리 나우웬, 《춤추시는 하나님》, 두란노, 2011, 16쪽.

헨리 나우웬의 말처럼 우리는 온갖 수단과 방법을 동원하여 무조건 고통을 없애려 합니다. 또한 고통을 제거하기 전까지는 즐거움이나 기쁨이나 행복을 보류합니다. 우리는 너무 쉬운 승리를 원합니다. 위기나 갈등이 전혀 없는 성장을 원합니다. 통증을 전혀 느끼지 않는 치료를 갈망합니다. 고난의 십자가가 없는 부활을 원합니다.

하지만 그것은 진정한 해결책이 아닙니다. 쉬운 길은 너무 얄팍합니다. 고통이 없는 기쁨은 깊이가 없습니다. 기쁨에도 깊은 기쁨이 있습니다. 깊은 기쁨의 맛은 깊은 고통을 통해 맛볼 수 있습니다. 하나님은 우리에게 즐거움만 선물로 주신 것이 아니라 고통도 선물로 주셨습니다.

고통의 문제를 심도 있게 연구한 사람이 있습니다. 그는 폴 브랜드(Paul Brand)입니다. 그는 나병환자를 치료하는 중에 그들의 가장 큰 문제는 고통의 감각을 상실한 것임을 깨달았습니다. 나병환자가 가장 원하는 감각 중에 하나는 고통을 인식하는 감각이었습니다. 고통이라는 감각을 만드신 분도 하나님이십니다. 우리가 일상의 삶 속에서 경험하는 것은 고통을 통해 더욱 큰 즐거움으로 들어갈 수 있다는 것입니다. 저는 스캇 펙(Scott Peck)의 훈련에 대한 정의를 좋아합니다.

훈련이란 고통을 먼저 선택하고 즐거움을 나중에 누리는 것이다.

훈련이란 나중에 누리게 될 즐거움을 위해 즐거움을 누리는 것을 잠시 보류하는 것입니다. 앞에 있는 즐거움을 위해 고통을 참는 것입니다. 예수님은 앞에 있는 부활의 즐거움을 위해 십자가의 고통을 참으셨습니다.

믿음의 주요 또 온전하게 하시는 이인 예수를 바라보자 그는 그 앞에 있는 기쁨을 위하여 십자가를 참으사 부끄러움을 개의치 아니하시더니 하나님 보좌 우편에 앉으셨느니라 히 12:2

소설가이면서 감성 에세이를 쓰는 데 탁월한 김형경 작가는 고통의 중요성을 다음과 같이 설명합니다.

운동을 해본 사람은 체력을 키우는 방법에 대해 알고 있다. 신체가 감당할 수 있는 임계점까지 고통이 느껴지도록 몸을 훈련해야 체력의 한계를 조금씩 넘어설 수 있다. 가슴이 뻐근해질 때까지 달린 다음에야 폐활량이 커지고, 근육이 타는 듯한 고통이 지나간 다음에야 근력이 는다. 고통스러운 지점을 돌파하지 않고 몸이 편안한 상태에서만 운동하면 현상 유지는 될지 몰라도 체력의 새로운 지평으로 나아갈 수 없다. … 정신에 대해서도 똑같은 이론이 적용된다. 인간의 정신도 고통이나 시련을 통해서 성장한다. 힘들고 아파서 꼭 죽을 것 같은 지점을 넘어서야만 정서의 폐활량이 커지고 마음의 근력도 는다. 요즈음 젊은이들은 대체로 고통의 경험 앞에서 주춤거리고 있는 듯 보이는 때가 있다.[4]

예수님은 고통받기 위해 이 땅에 오셨습니다. 고통받는 사람들을 이해하고 치유하기 위해 오셨습니다. 그들을 구원하고 그들과 함께 고통 중에 춤을 추시기 위해 오셨습니다. 우리는 예수님 때문에 애통과 고통과 가난과 불편함 속에서도 춤을 출 수 있습니다.

안식의 날에는 함께 춤을 추며 뛰놀아야 합니다. 슬픔의 한복판에서 하나님의 은혜를 발견한 까닭입니다. 다윗은 혼자 기뻐하지 않습니다. 온 이스라엘 백성들과 더불어 기뻐하고 있습니다. 다윗은 하나님 앞에서 뛰놀며 춤을 춥니다. 또한 온 이스라엘 족속은 즐거이 환호하며 나팔을 붑니다(삼하 6:15). 왜 우리가 함께 모여 예배를 드려야 할까요? 예배는 믿음의 공동체가 함께 모여 하나님의 은혜를 찬송하며 하나님 앞에서 춤추며 뛰노는 것입니다.

거룩한 놀이로 하나님을 즐거워하라

다윗은 하나님 앞에서 춤추며 뛰놀 줄 알았던 사람입니다. 미갈은 다윗이 하나님 앞에서 뛰놀며 춤추는 것을 보았습니다. 다윗

---

4 김형경, 《소중한 경험》, 사람풍경, 2015, 128-129쪽.

은 미갈에게 그가 뛰놀며 춤춘 것은 하나님 앞에서 한 것이라고 말합니다. 하나님의 은혜를 받은 까닭에 하나님 앞에서 뛰놀 것이라고 말합니다(삼하 6:21).

예배는 거룩한 놀이입니다. 예배에는 춤이 있습니다. 축제가 있습니다. 노래가 있습니다. 음악이 있습니다. 음식이 있습니다. 우리는 예배 중에 하나님의 은혜의 말씀을 음식으로 먹습니다. 춤과 노래는 우리에게 즐거움을 줍니다. 맛있는 영의 양식은 예배의 즐거움을 더해 줍니다.

우리는 놀이에 대한 부정적인 생각을 갖고 있습니다. 마음에 안 드는 행동을 하는 사람에게 "놀고 있네"라는 표현을 씁니다. 미갈이 마음에 품었던 것과 같은 마음입니다. 우리는 유교적인 문화 배경을 갖고 있습니다. 우리는 점잖은 것을 좋아합니다. 웃는 것을 경계합니다. 무게 잡는 것을 좋아합니다. 가벼운 것을 싫어합니다. 그런 성향 때문에 노는 것을 두려워합니다. 놀이를 갈망하면서도 놀이를 두려워합니다. 그런 까닭에 이중적이 됩니다. 가면을 쓰고 삽니다.

우리는 놀이를 원합니다. 곧 즐거움을 원합니다. 그러면서도 놀이를 정죄하고, 쉬는 것을 수치스러워합니다. 즐거워하는 것을 부끄러워합니다. 미안해합니다. 사람들 앞에서 휴가를 가는 것을 죄송해합니다. 쉬는 것을 송구스러워합니다. 하지만 하나님은 우리가 쉬기를 원하십니다. 하나님은 우리 안에 놀이 본능을 심어 주셨습니다. 어린아이들을 보십시오. 얼마나 재미있게 노는지 모릅니다. 동물들을 관찰해 보십시오. 그들은 놀이를 하면서 즐거워합니다.

예수님이 받은 비판은 너무 즐기신다는 것이었습니다. 사람들은 예수님이 너무 잘 먹고 포도주를 즐긴다고 비난했습니다(눅 7:34). 하지만 예수님은 즐기는 것을 주저하지 않으셨습니다. 십자가를 지시기 전날 밤에도 제자들과 함께 최후의 만찬을 나누셨습니다. 예수님은 오히려 사람들이 춤추지도 않고 슬퍼하지도 않은 채 살아가는 것을 안타까워하셨습니다.

> 이 세대를 무엇으로 비유할까 비유하건대 아이들이 장터에 앉아 제 동무를 불러 이르되 우리가 너희를 향하여 피리를 불어도 너희가 춤추지 않고 우리가 슬피 울어도 너희가 가슴을 치지 아니하였다 함과 같도다 마 11:16-17

하나님 앞에서 춤추며 살았던 그는 무엇을 즐거워했을까요? 그가 경험했던 거룩한 놀이는 무엇이었을까요? 마르틴 루터는 놀이의 영원한 원천이 하나님께 있다고 믿었습니다. 또한 믿음은 우리 놀이에 대한 확신을 더해 준다고 말했습니다.

마르틴 루터가 말한 세 가지 '오직(sola)'은 일의 염려를 떨쳐 버리려는 시도였다고 할 수 있다. '오직 믿음으로'는 놀이의 내적 근원을 가리키고, '오직 성경으로'는 놀이의 외적 근원을 가리키고, '오직 은혜로'는 놀이의 영원한 원천을 가리키는 것이다. 믿음은 우리에게 놀이에 대한 확신을 안겨 준다.[5]

제임스 H. 에반스 주니어(James H. Evans. Jr.)는 성경 전체의 이야기를 거룩한 놀이의 관점에서 봅니다. 창조와 구속의 사건을 하나님의 거룩한 놀이로 이해합니다.

하나님의 창조 활동은 놀이터를 만드신 일 속에 뚜렷이 드러난다. 그리고 놀 만한 장소가 없다고 느끼는 사람들에게는 바로 이 세계가 '꿈꾸던 놀이터'다. 하나님의 구속 사역은 놀이 시간을 지정해 준 데서 뚜렷이 드러난다. 놀 만한 시간이 끝났다고 느끼는 이들에게는 역사가 오버타임의 이야기다. 그것은 세계를 지탱하는 하나님의 활동을 구성하는, 창조(놀이터)와 구속(놀이 시간)간의 지속적인 상호작용이다.[6]

그는 하나님은 어둠 속에서 천지를 창조하셨다고 주장합니다. 예수님은 죄악의 어둠 속에서 구속의 일을 이루셨습니다. 그러면 우리가 다윗을 통해 배울 수 있는 거룩한 놀이는 무엇일까요?

---

5 제임스 H. 에반스 주니어, 《놀이》, 포이에마, 2013, 27쪽.
6 제임스 H. 에반스 주니어, 앞의 책, 86쪽.

거룩한 놀이는 하나님의 아름다움을 바라보며
즐거워하는 것입니다

다윗은 하나님의 아름다움을 바라보며 즐거워했습니다. 그의 놀이터는 하나님의 집이었습니다. 하나님의 성전이었습니다. 그곳에서 하나님의 아름다움을 바라보았습니다. 그 아름다움을 즐거워했습니다.

> 내가 여호와께 바라는 한 가지 일 그것을 구하리니 곧 내가 내 평생에 여호와의 집에 살면서 여호와의 아름다움을 바라보며 그의 성전에서 사모하는 그것이라 시 27:4

하나님의 아름다움은 하나님의 창조 속에 드러나 있습니다. 우리는 자연 속에서 하나님의 아름다운 솜씨를 봅니다. 하나님의 아름다움은 탁월함 속에 있습니다. 하나님의 아름다움은 하나님의 영광 속에서 빛을 발합니다. 하나님은 우리 안에 아름다움을 추구하는 갈망을 주셨습니다. 하나님은 우리가 추구하는 아름다움의 원천이십니다.

우리는 아름다운 모습을 보면 매료됩니다. 그 모습에 이끌립니다. 우리를 멈추어 보게 하고, 듣게 하고, 거듭 방문하게 하는 것은 아름다운 것입니다. 아름다운 음악, 아름다운 노래, 아름다운 연주, 아름다운 시, 아름다운 사랑의 스토리, 아름다운 드라마,

아름다운 그림, 아름다운 예술품 앞에서 우리는 멈추게 됩니다. 그 아름다움을 통해 감동을 받습니다. 영감을 얻습니다. 감격의 눈물을 흘리기도 합니다. 마음이 따뜻해집니다. 힘든 인생을 살아가는 위로를 받게 됩니다. 하나님의 아름다움은 그 사랑 안에서 절정을 이룹니다.

우리는 아름다우신 하나님을 바라보다가 아름다운 하나님을 닮게 됩니다. 우리의 즐거움의 극치는 아름다우신 분을 닮아가는 것입니다. 우리는 아름다움을 바라보는 것으로 만족하지 않습니다. 아름다움 속으로 들어가 그 아름다움 속에 살며, 그 아름다움을 닮아가는 것입니다.

거룩한 놀이는 하나님의 은혜를 찬양하며
즐거워하는 것입니다

다윗은 하나님의 은혜를 찬양했습니다. 하나님의 은혜 가운데 그를 선택하신 은혜와 함께 그를 용서하신 은혜를 찬양했습니다. 우리가 아는 것처럼 그토록 하나님을 사랑했던 그가 밧세바를 범하고 우리야를 죽였습니다. 그는 간음죄와 살인죄를 범한 사람이었습니다.

하나님은 우리에게 즐거움을 허락하시지만 그 즐거움에는 일정한 법칙과 규칙이 있음을 가르쳐 주십니다. 놀이와 게임에는 반드시 규칙이 필요합니다. 우리는 일정한 규칙 안에서 놀이를 합니다. 하지만 때때로 규칙의 경계를 넘나들면서 놀이를 하기도 합니다. 규칙이 중요하지만 너무 규칙에만 매이는 것은 진정한 놀이라고 할 수 없습니다. 그렇다고 너무 많은 선을 넘어서도 안 됩니다. 그러면 놀이가 죄가 될 수 있습니다. 그것은 더 이상 거룩한 놀이가 아닙니다.

거룩한 놀이는 자유롭지만 일정한 경계 안에서 자유롭게 놀이하는 것을 의미합니다. 게임의 규칙을 파괴하면 우리가 어긴 규칙이 인생의 행복을 파괴할 수도 있습니다. 잠언은 결혼한 부부가 함께 나누는 사랑은 거룩한 놀이가 되어 즐거움을 준다고 말씀합니다. 하나님은 그 사랑을 장려합니다.

> 네 샘으로 복되게 하라 네가 젊어서 취한 아내를 즐거워하라 그는 사랑스러운 암사슴 같고 아름다운 암노루 같으니 너는 그의 품을 항상 족하게 여기며 그의 사랑을 항상 연모하라 잠 5:18-19

하지만 정해진 경계를 넘어서는 것은 죄가 된다고 말씀합니다. 아내가 아닌 음녀를 따라간 즐거움의 결과는 비참하다고 말씀합니다(잠 6:24-26).

다윗은 자신의 탐욕을 이기지 못하고 밧세바를 범했습니다. 그는 넘어서는 안 되는 선을 넘었습니다. 그 후로 다윗은 영적 즐거움을 상실했습니다. 고통과 죄책감이 그를 괴롭혔습니다. 하나님은 그를 사랑하셨기 때문에 나단을 통해 그를 책망하시고 그로 하여금 회개하게 하십니다. 그는 회개한 후에 하나님의 은혜를 깊이 깨닫습니다. 그 하나님의 은혜를 일평생 찬양합니다.

> 내 영혼아 여호와를 송축하며 그의 모든 은택을 잊지 말지어다 그가 네 모든 죄악을 사하시며 네 모든 병을 고치시며 네 생명을 파멸에서 속량하시고 인자와 긍휼로 관을 씌우시며 좋은 것으로 네 소원을 만족하게 하사 네 청춘을 독수리같이 새롭게 하시는 도다 시 103:2-5

하나님은 그를 용서하셨을 뿐 아니라 그를 아름답게 만드셨습니다. 영화롭게 만드셨습니다. 이것이 우리가 찬양해야 할 하나님의 은혜입니다. 하나님은 은혜를 통해 죄인을 아름답고 영화롭게 만드십니다. 그것은 하나님의 거룩한 게임입니다. 하나님의 은혜의 게임입니다. 성스러운 구속의 놀이입니다. 하나님은 죄인들을 은혜 가운데 신부로 선택하셨습니다. 그 은혜 안에서 점점 아름답게 만들어 가십니다.

우리는 그리스도의 신부에 속한 자들로서 신랑의 아름다움을 우리 자신의 삶 속에 나눠 받기를 갈망한다. 하나님이 소유하고 계신 아름다움은 구속을 통해 그의 백성에게 전해진다. 우리는 주님의 아

름다움으로 단장되는데, 그 이유는 그분이 구속받은 자들을 아름답게 하시는 분이기 때문이다.[7]

우리는 하나님과의 거룩한 사랑 속에 살고 있습니다. 이것은 참으로 신비롭고 거룩하고 숭고한 것입니다. 우리는 하나님의 은혜를 찬양함으로 더욱 즐거움을 누리게 됩니다. 우리의 마음에 있는 사랑과 감사는 표현을 통해 그 즐거움이 절정에 이르고 완결됩니다. C. S. 루이스는 《시편 사색》에서 이 점을 강조합니다. 그는 한때 하나님을 왜 찬양해야 하는지에 대해 질문했던 사람입니다. 그런 질문을 하는 중에 그는 질문에 대한 답을 발견하고 다음과 같이 기록합니다.

저는 우리가 우리에게 즐거움을 주는 것들을 찬양하기 좋아하는 까닭은, 찬양이 단순히 우리의 즐거움을 표현해 줄 뿐 아니라 완성해 주기 때문이라고 생각합니다. 연인들이 서로에게 거듭거듭 아름답다고 말해 주는 것은 단순히 찬사를 표하기 위함이 아닙니다. 그렇게 표현하지 않으면 그들의 즐거움이 완전해질 수 없기 때문입니다.[8]

---

7 마이크 빅클, 《하나님을 연인으로 사랑하는 즐거움》, 순전한나드, 2005, 140-141쪽.
8 C. S. 루이스, 《시편 사색》, 홍성사, 2004, 136쪽.

그는 우리가 하나님을 찬양할 때 그분의 진가를 인정하는 것이 된다고 강조합니다. 하나님은 우리가 찬양하든지 찬양하지 않든지 찬양받기에 합당하신 분입니다. 하지만 우리가 하나님의 아름다움과 영광과 그 은혜를 찬양할 때 우리 안에 즐거움은 더욱 충만해질 것입니다. 마치 우리가 사랑하는 대상을 칭찬하고 자랑함으로써 우리 안에 기쁨이 충만해지는 것과 같은 이치입니다.

거룩한 놀이는 선한 일을 행함으로
즐거워하는 것입니다

예수님이 안식일에 보여 주신 것은 선한 일을 행하시는 모범입니다. 우리에게 기쁨을 주는 가장 큰 에너지는 사랑입니다. 우리가 누군가를 사랑할 때 우리 안에 기쁨이 충만해집니다. 또한 우리의 즐거움, 즉 재미는 의미와 연합할 때 절정에 이릅니다. 재미는 있지만 의미가 없다면 그 즐거움은 반쪽입니다. 의미는 있는데 재미가 없다면 그 즐거움 또한 반쪽입니다.

예수님은 가나 혼인 잔치를 즐기셨습니다. 예수님이 행하신 첫 번째 기적이 가나 혼인 잔치에서 행하신 기적입니다. 예수님은 물로 포도주를 만드는 거룩한 놀이를 하셨습니다. 그리함으로 포도주가 떨어진 혼인 잔치에 기쁨을 더해 주셨습니다. 예수님은 안식일에 병든 사람들을 고쳐 주셨습니다. 요한복음 9장을 보면, 예수님이 나면서부터 보지 못한 시각장애인의 눈을 고쳐 주십니다.

그날은 안식일이었습니다(요 9:14-15).

바리새인 중에 어떤 사람들이 예수님을 비난했습니다. 안식일에 병을 고쳐 주심으로, 안식일을 지키지 않으셨다는 것이었습니다. 하지만 예수님은 그들의 비난에 전혀 동요되지 않으셨습니다. 예수님은 선한 일을 하심으로 즐거움을 누리셨습니다. 태어나서 한 번도 보지 못했던 사람이 세상을 바라보면서 기뻐하는 그 기쁨을 함께 누리셨습니다. 그리고 그들에게 "인자는 안식일의 주인이니라 하시니라"(마 12:8) 하고 말씀하셨습니다.

또 예수님은 한쪽 손 마른 사람의 병을 고쳐 주시면서 안식일에 선을 행하는 것이 옳다고 말씀하셨습니다.

> 예수께서 이르시되 너희 중에 어떤 사람이 양 한 마리가 있어 안식일에 구덩이에 빠졌으면 끌어내지 않겠느냐 사람이 양보다 얼마나 더 귀하냐 그러므로 안식일에 선을 행하는 것이 옳으니라 하시고 이에 그 사람에게 이르시되 손을 내밀라 하시니 그가 내밀매 다른 손과 같이 회복되어 성하더라 마 12:11-13

우리가 구원받은 것은 선한 일을 행하는 즐거움을 누리기 위해서입니다(엡 2:10).

가장 선한 일은 아름다운 복음을 전하는 것입니다. 우리가 하는 모든 선한 일은 복음을 전하는 것과 연결되어야 합니다. 그리함으로 열방이 하나님의 아름다움과 영광과 그 은혜를 찬양하며 예배하도록 만들어야 합니다. 그것이 아름다운 일이며, 의미 있는 일이며, 즐거운 일입니다.

거듭난 영혼의 새로운 놀이

예수님을 만나기 전까지 우리의 놀이는 세상의 쾌락에 집중되었습니다. 하지만 예수님을 만난 후 우리는 거룩한 놀이와 거룩한 쾌락을 맛보게 되었습니다. 또한 우리가 하는 모든 일이 거룩해졌습니다. 우리의 모든 일에 의미를 부여하게 되었습니다. 이전에 지겹게 여겼던 일들을 기쁨과 감사의 마음으로 하게 되었습니다. 우리가 하는 일에 의미를 부여하는 순간, 그 일은 새롭게 다가옵니다. 우리가 하고 있는 일에 의미를 부여하고, 그 일을 재미있게 해 보십시오. 놀라운 변화를 경험하게 될 것입니다. 일을 놀이처럼 여겨 보십시오. 하나님 앞에서 기뻐 행하는 놀이처럼 여겨 보십시오. 놀라운 일들이 벌어질 것입니다.

저는 일을 할 때 즐겁게 합니다. 일이 즐겁습니다. 그런 까닭에 열심히 일한 후에 안식하는 것도 즐겁습니다. 즐거워하는 것을 부끄러워하지 마십시오. 즐거움은 인간의 핵심적 가치입니다. 즐거움의 원천은 하나님입니다. 마귀는 즐거워하지 않습니다. 마귀는 유머를 싫어합니다. 마귀는 우리가 즐거워하는 것을 싫어합니다. 우리를 우울하게 만들고, 우리를 절망하게 만듭니다. 하지만 하나님은 슬픔 중에도 춤을 추게 하십니다. 고통 중에도 뛰놀게 하십니다. 그리함으로 고통을 이기게 하십니다. 어둠을 밝히십니다.

많은 사람들이 운명론에 사로잡혀 있습니다. 세상은 바뀌지 않을 것이라고 믿고 살아갑니다. 자신이 세상을 바꿀 수 없으며, 자신의 미래도 바꿀 수 없다고 여기며 살아갑니다. 조용한 절망 속에 살아갑니다. 하지만 하나님은 우리에게 운명론에 사로잡히지 말라고 말씀하십니다. 우리는 예수님 안에서 새로운 피조물이 되었다고 말씀합니다.

> 그런즉 누구든지 그리스도 안에 있으면 새로운 피조물이라 이전 것은 지나갔으니 보라 새 것이 되었도다 고후 5:17

이제 새로운 영이 우리에게 임했습니다. 새로운 미래가 열렸습니다. 새로운 가능성이 열렸습니다. 새로운 인생의 장이 시작되었습니다. 새로운 꿈이 우리 안에 있습니다. 새로운 은사가 주어졌습니다. 새로운 소망이 주어졌습니다. 하나님은 소망의 하나님이십니다. 하나님은 죽은 자를 살리십니다. 없는 것을 있는 것처럼 부르십니다. 하나님은 슬픔이 변하여 춤이 되게 하십니다. 베옷을 벗기시고 기쁨으로 옷을 입혀 주십니다.

닉 부이치치(Nick Vujicic)의 이야기는 언제나 영감을 줍니다. 그는 두 팔과 두 다리가 없이 태어났습니다. 하지만 그는 거룩한 놀이를 하며 살아왔습니다. 슬픔 중에도 춤을 추며 살았습니다. 그는 놀이하는 것을 좋아했습니다. 그의 아버지가 자녀 교육에 관해 쓴 책이 출판되었습니다. 그는 닉이 놀이하는 것을 얼마나 좋아했는지를 다음과 같이 기록하고 있습니다.

> 닉은 서핑과 스카이다이빙, 스노보드 같은 거친 운동을 즐겼다. 또 친구들은 닉을 비행기 짐칸에 넣어 짐을 넣으려는 승객들을 놀라게 하는 짓궂은 장난을 즐겼다. … 어릴 적 닉이 자주 즐긴 놀이 중 하나는 동생이나 친구들의 자전거에 스케이트보드를 연결해 온 동네를 누비고 다니는 것이었다. 또 친구들이 닉을 자전거 핸들 위에 올려놓고 하루 종일 다녔다는 사실을 나중에서야 알고 기절하는 줄 알았다.[9]

하지만 닉은 이런 놀이를 하는 중에도 슬퍼했습니다. 너무 고통스러워 자살 충동에 시달리기도 했습니다. 하나님의 은혜로 그는 자살 충동을 극복했습니다. 고통 중에 있는 사람들을 위로하고 격려하고 소망을 주는 삶을 살고 있습니다. 그는 운명론을 거부했습니다. 그는 지금 결혼해서 두 자녀의 아버지가 되었습니다.

---

9 보리스 부이치치, 《완전하지 않아도 충분히 완벽한》, 두란노, 2016, 113쪽.

사실, 우리는 결코 하나님의 완벽한 표준에 도달할 만큼 충분하지 않다. 우리는 손에 부서진 인생의 조각들을 가지고 하나님 앞에 서 있을 뿐이다. 그 조각들을 하나님께 넘길 때, 그분이 당신 인생을 변화시키실 것이다. … 하나님은 우리 삶의 모든 조각들을 함께 붙여 주신다. 우리 삶의 아픈 상처도, 우리 삶의 찬란한 기쁨도, 우리 삶의 이해하기 힘든 구석구석까지 모든 조각들을 온전하게 붙여 주신다.[10]

하나님께 깨어진 인생 조각을 드리십시오. 하나님은 아름다운 모자이크를 만들어 선물해 주실 것입니다. 안식의 날에 즐거운 놀이를 하십시오. 안식의 날에 춤을 추십시오. 찬양을 부르십시오. 거룩한 애찬을 함께 나누십시오. 슬픔 중에 있는 사람들과 함께 손을 잡고 춤을 추십시오. 다윗은 아둘람 굴에서 함께 놀았습니다. 꿈을 꾸었습니다. 다니엘은 사자 굴에서 사자들과 함께 놀았습니다. 초대교회 성도들은 카타콤에서 함께 놀았습니다.

하나님은 우리와 함께 춤을 추기 원하십니다. 하나님은 십자가에서 고통을 받으신 예수님과 더불어 춤을 추라고 말씀합니다. 우리 안에서 슬픔 중에도 큰 기쁨을 누리게 하시는 성령님과 더불어 춤을 추라고 말씀하십니다. 인생이 힘들어도 즐거워하십시오. 행복을 뒤로 미루지 마십시오. 애통을 잠깐 멈추고 춤을 추십

---

10 닉 부이치치, 《삶은 여전히 아름답다》, 두란노, 2013, 226-227쪽.

시오. 하나님의 아름다움을 바라보며 즐거워하십시오. 우리도 머지않아 하나님의 아름다움을 누리게 될 것입니다. 그때 우리는 영원한 승리자가 될 수 있습니다.

10

안식 안으로 들어가라

히 4:1-11

하나님의 안식 안으로

예수님은 우리를 안식으로 초대하셨습니다. 우리는 안식으로 초대받은 그리스도인들입니다. 초대를 받은 것과 그 초대에 응하는 것은 다릅니다. 결혼 잔치에 초대를 받았지만 그 초대에 응하지 않으면 결혼 잔치에 참석해서 누릴 수 있는 기쁨을 누릴 수가 없습니다. 초대를 받은 사람은 그 초대에 응할 때 잔치의 혜택을 누릴 수 있습니다. 예수님의 안식의 초청에 우리가 응하는 것이 믿음입니다.

> 수고하고 무거운 짐 진 자들아 다 내게로 오라 내가 너희를 쉬게 하리라 나는 마음이 온유하고 겸손하니 나의 멍에를 메고 내게 배우라 그리하면 너희 마음이 쉼을 얻으리니 마 11:28-29

우리를 초청하신 분은 예수님입니다. 초청을 받은 사람들은 수고하고 무거운 짐 진 자들입니다. 초청하신 예수님은 안식을 주겠다고 약속하셨습니다. 예수님의 성품을 통해 우리가 알 수 있는 것은 예수님은 그 약속을 지키신다는 것입니다. 예수님은 무거운 짐 진 우리에게 마음의 쉼을 약속해 주셨습니다.

예수님은 마음의 안식이 필요하다는 것을 아십니다. 우리의 마음은 불안합니다. 두렵습니다. 때로 분노로, 죄책감과 염려와 근심으로, 미움과 시기와 질투로, 복수심으로 가득 차 있습니다. 죄를 지은 후에는 그 결과가 두렵습니다. 우리 마음 안에 탐욕이 있습니다. 우울합니다. 조용한 절망에 사로잡혀 있습니다. 예수님은 우리의 불안한 마음에 안식을 약속하십니다. 예수님은 안식으로 우리를 초청하실 뿐만 아니라 하나님의 안식 안으로 들어오라고 말씀합니다. 안식에 들어오기를 힘쓰라고 말씀합니다.

> 그러므로 우리가 저 안식에 들어가기를 힘쓸지니 이는 누구든지 저 순종하지 아니하는 본에 빠지지 않게 하려 함이라 히 4:11

히브리서 4장은 안식에 들어간 사람과 들어가지 못한 사람을 비교해서 설명합니다. 여기서 우리는 질문하게 됩니다. '도대체 안식에 들어간다는 것은 무엇을 의미하는 것일까? 안식에 들어간다는 것은 어디로 들어간다는 것일까? 어떤 사람들은 왜 안식에 들어가지 못했을까? 어떻게 하면 안식에 들어갈 수 있을까?'

안식의 시간 속으로 들어가라

창조의 안식은 시간과 관련이 있습니다. 하나님은 창조 후 제 칠일에 쉬셨습니다. 또한 십계명 중 네 번째 나오는 안식일 계명에서 제 칠일에 쉬라고 명하셨습니다. 히브리서는 그 말씀에 대해 언급합니다.

> 제 칠일에 관하여는 어딘가에 이렇게 일렀으되 하나님은 제 칠일에 그의 모든 일을 쉬셨다 하였으며 히 4:4

이처럼 안식은 시간과 때와 관련이 있습니다. 하나님은 안식의 날을 정해서 안식하라고 말씀하십니다. 지금도 그 안식의 원리는 마찬가지입니다. 우리는 주님이 부활하신 주일을 안식의 날, 즉 안식의 시간으로 정해 안식하고 있습니다. 안식의 시간 속으로 들어가는 것은 매일의 삶 속에서 아주 중요합니다. 우리는 아침에 일하고 밤에 쉽니다. 밤이 깊어지면 모든 무장을 해제하고 잠을 잡니다. 안식으로 들어갑니다.

안식의 장소 안으로 들어가라

안식은 시간과 함께 공간과도 관련이 있습니다. 우리의 삶 속에서 장소는 아주 중요한 역할을 합니다. 폴 투르니에(Paul Tournie)는 그의 책에서 장소가 우리 삶 속에 얼마나 중요한가를 기록하고 있습니다.

우리의 모든 경험, 정서, 감정은 우리의 추억 속에서 장소와 단단하게 연결되어 있다. "우리가 찬양하는 곳들도 있고, 우리에게 영향을 미치는 곳도 있고, 우리가 살고 싶어 하는 곳도 있다. 내가 생각하기에는 우리의 생각, 즐거움, 감정, 기호, 감상 등은 장소에 따라 달라지는 것 같다."라고 라 부르에르는 말했다. 인간은 순수한 정신만이 아니며, 그가 살고 있으며 즐거움 혹은 슬픔을 경험한 장소와 관계를 맺고 있다.[1]

성경 이야기는 하나님이 선택하신 여러 장소와 관련되어 있습니다. 모리아 산, 베들레헴, 예루살렘, 여리고, 벧엘, 헤브론, 갈릴리, 나사렛, 가버나움, 겟세마네 동산, 갈보리 언덕 등과 같은 장소들과 연결되어 있습니다.

가나안 땅은 하나님이 예비하신 안식의 장소였습니다

하나님은 히브리 민족이 애굽에서 안식하지 못하는 것을 보셨습니다. 바로의 권세 아래서 학대와 멸시를 당하는 것을 보셨습니다. 하나님은 애굽 안에는 안식이 없음을 보셨습니다. 그래서 그들을 안식의 땅, 즉 가나안 땅으로 인도하길 원하셨습니다. 이를 위해 선택한 사람이 모세입니다. 모세가 한 일은 애굽에서 히브리 민족을 이끌어 내어 가나안 땅으로 인도한 것입니다. 그런데 애굽

---

1 폴 투르니에, 《인간 장소의 심리학》, 보이스사, 1983, 21-22쪽.

에서 나온 이스라엘 백성들이 모두 가나안 땅에 들어간 것은 아닙니다. 애굽에서 나온 1세대 가운데 20세 이상 된 사람들 중 가나안 땅에 들어간 사람은 여호수아와 갈렙뿐이었습니다. 나머지는 모두 광야에서 죽었습니다. 그들은 하나님이 예비하신 안식의 땅, 가나안 땅에 들어가지 못했습니다. 그 이유를 히브리서는 그들의 불신앙과 불순종이라고 분명히 밝히고 있습니다.

> 듣고 격노하시게 하던 자가 누구냐 모세를 따라 애굽에서 나온 모든 사람이 아니냐 또 하나님이 사십 년 동안 누구에게 노하셨느냐 그들의 시체가 광야에 엎드러진 범죄한 자들에게가 아니냐 또 하나님이 누구에게 맹세하사 그의 안식에 들어오지 못하리라 하셨느냐 곧 순종하지 아니하던 자들에게가 아니냐 이로 보건대 그들이 믿지 아니하므로 능히 들어가지 못한 것이라 히 3:16-19

하나님의 안식은 하나님의 임재와 함께합니다. 하나님이 함께하시는 장소가 바로 하나님이 안식을 주시는 땅입니다. 하나님은 가나안 땅을 하나님이 함께하시는 땅, 하나님이 돌보시는 땅으로 정하셨습니다. 그것은 하나님의 선택입니다. 하나님은 이스라엘 백성들에게 안식할 수 있는 땅을 예비하셨습니다. 그 땅을 주시겠다고 약속하셨습니다. 그 땅은 안식의 땅이요, 젖과 꿀이 흐르는 땅입니다. 풍요로움이 함께하는 안식의 땅입니다. 무엇보다 그 땅은 하나님의 임재가 있는 땅입니다(신 11:9).

하나님은 이스라엘 백성들이 힘써 안식의 땅으로 들어가길 원하셨습니다. 하나님이 예비하신 안식의 땅, 그 안식 안으로 들어가길 힘쓰실 것을 권면하셨습니다. 하지만 하나님의 약속을 믿지 않고, 하나님이 예비하신 가나안 땅을 악평한 사람들, 하나님께 불순종한 사람들은 안식에 들어갈 수 없었습니다. 여호수아는 이스라엘 백성들을 가나안 땅으로 인도했습니다. 하지만 여호수아가 이스라엘 백성들에게 온전한 안식을 주지는 못했다고 성경은 말씀합니다.

> 만일 여호수아가 그들에게 안식을 주었더라면 그 후에 다른 날을 말씀하지 아니하셨으리라 히 4:8

구약의 가나안 땅은 천국의 그림자였습니다. 신약은 예수님을 통해 우리의 참된 안식처인 천국에 대해 말씀합니다. 영원한 본향에 대해 말씀합니다.

> 그들이 이제는 더 나은 본향을 사모하니 곧 하늘에 있는 것이라 이러므로 하나님이 그들의 하나님이라 일컬음 받으심을 부끄러워하지 아니하시고 그들을 위하여 한 성을 예비하셨느니라 히 11:16

그 나라는 흔들리지 않는 나라입니다. 은혜가 풍성한 나라입니다. 참된 안식이 있는 나라입니다(히 12:28).

성막과 성전은 하나님이 예비하신 안식처였습니다

하나님은 구약에서 성막과 성전에 영광 가운데 임재하셨습니다. 하나님은 성막과 성전을 하나님의 백성의 안식처로 삼았습니다. 피난처로 삼으셨습니다. 하나님의 성전이 세워진 모리아 산, 즉 예루살렘은 하나님이 거처를 삼으신 곳이었습니다. 그래서 이스라엘 백성들은 시온을 사모했습니다. 예루살렘을 사모했습니다. 그곳에 하나님이 계시고, 그곳에 하나님의 성전이 있기 때문입니다.

우리는 성경에서 하나님이 일정한 장소를 통해 역사하신다는 사실을 깊이 깨달아야 합니다. 하나님은 시간과 공간의 하나님이십니다. 그런 까닭에 안식도 시간과 공간의 관점에서 이해하는 것이 중요합니다.

> 우리는 때로, 교회는 건물이 아니라고 생각 없이 말한다. 교회는 건물이 아니라 사람이라고 말이다. 나는 잘 모르겠다. 회당과 성전, 성당, 예배당, 그리고 상가의 강당은 예수님을 따르는 사람들 사이에서 예수님의 뜻이 이루어지도록 예수님이 일하시는 장소와 공동체에 연속성을 부여해 준다. 어떤 장소, 혹은 특정 건물은 거기

에서 벌어지는 이야기들을 모으고 거기에서 서로가 맺는 관계들을 발전시킴으로써, 우리가 지역적인 깊이와 넓이 그리고 연속성을 가지고 예수님을 따를 수 있게 해준다.[2]

시편을 통해 우리는 성막과 성전을 사모하는 하나님의 백성들을 만납니다. 그 이유는 바로 그곳이 하나님이 함께하시는 안식처인 까닭입니다(시 84:1-2).

특별히 하나님의 임재가 함께하는 지성소는 깊은 안식의 장소였습니다. 은밀한 피난처였습니다. 지성소 안에 있는 은혜의 보좌는 안식처 중의 안식처였습니다. 히브리서 4장을 보면, 안식에 들어가길 힘쓰라고 권면한 후에 지성소로 들어가라고 말씀합니다. 이제 우리에게는 눈에 보이는 지성소는 없습니다. 하지만 영적인 지성소, 은혜의 보좌 앞으로 나아갈 수 있습니다. 예수님을 통해, 그의 피로 지성소로 담대히 들어갈 수 있게 되었습니다(히 10:19-20).

그러므로 우리는 긍휼하심을 받고 때를 따라 돕는 은혜를 얻기 위하여 은혜의 보좌 앞에 담대히 나아갈 것이니라 히 4:16

구약의 이스라엘 백성들에게 지성소는 안식처이면서도 두려움의 장소였습니다. 하지만 신약의 그리스도인들에게 지성소는

---

2 유진 피터슨, 《그 길을 걸으라》, IVP, 2007, 408-409쪽.

영적 은혜의 보좌입니다. 거룩한 성소입니다. 하나님을 만나는 곳입니다. 안식처입니다. 우리가 안식할 수 있는 조용한 오두막 같은 곳입니다. 폴 투르니에는 사람은 누구나 안식할 수 있는 따뜻한 오두막을 마음에 품고 산다고 말합니다.

> 우리 모두는 … 어둠과 눈보라 속에도 안락함과 따스함을 느낄 수 있는, 모든 사람이 환대받고 보호를 받고자 하는 욕망의 상징인 조그만 오두막집과 같은 모습을 마음속에 품고 다닌다.[3]

바로 그 오두막 집은 예수님이 그의 피로 예비해 주신 은혜의 보좌입니다. 바로 그곳에는 긍휼이 있습니다. 하나님의 도우심이 있습니다. 하나님의 보호가 있습니다. 하나님의 환대가 있습니다. 그곳에 따뜻한 사랑이 있습니다. 참된 안식이 있습니다.

하나님이 친히 안식처가 되십니다

안식은 시간과 공간을 통해 주어집니다. 또한 안식은 하나님을 통해 주어집니다. 즉 인격체를 통해 주어집니다. 다윗은 하나님이 거하시는 시온성과 하나님의 집 안에서 안식했습니다. 또한 하나님을 그의 안식처로 삼았습니다. 다윗과 시편 기자들은 하나님이 그의 피난처가 되심을 노래했습니다.

---

3 폴 투르니에, 앞의 책, 39쪽.

내가 피할 나의 반석의 하나님이시요 나의 방패시요 나의 구원
의 뿔이시요 나의 높은 망대시요 그에게 피할 나의 피난처시요
나의 구원자시라 나를 폭력에서 구원하셨도다 삼하 22:3
하나님께 가까이함이 내게 복이라 내가 주 여호와를 나의 피난
처로 삼아 주의 모든 행적을 전파하리이다 시 73:28
나는 여호와를 향하여 말하기를 그는 나의 피난처요 나의 요새
요 내가 의뢰하는 하나님이라 하리니 시 91:2

   우리는 가끔 피난처와 같은 사람을 만납니다. 어떤 사람을 만날 때 안식을 경험했나요? 우리는 사람들에게 안식을 주는 피난처가 되고 있나요? 아니면 사람들을 불편하고 불안하게 만드는 존재인가요? 우리는 안식을 제공하는 사람인가요? 아니면 다툼을 일으키는 사람인가요? 우리의 삶은 결코 환경에만 있지 않습니다.

다투는 여인과 함께 큰 집에서 사는 것보다 움막에서 사는 것이
나으니라 잠 21:9
다투며 성내는 여인과 함께 사는 것보다 광야에서 사는 것이 나
으니라 잠 21:19

   이 말씀을 여인들에게는, 다투는 남자와 함께 큰 집에서 사는 것보다 움막이나 광야에서 사는 것이 낫다고 적용할 수 있습니

다. 이 말씀은 참된 안식은 성품에 있다는 사실을 보여 줍니다. 안식은 안식을 제공해 주는 인격 안에 있습니다. 안식은 고요한 성품 안에 있습니다. 겸손한 성품, 온유한 성품, 긍휼히 여기는 성품, 그리고 용납하는 성품 안에 있습니다. 남을 배려하고, 용서하는 성품 안에 있습니다.

예수님을 앎과 안식의 관계

히브리서는 안식에 들어가지 못하는 이유를 불신앙과 불순종이라고 강조합니다. 히브리서는 믿음과 순종을 아주 강조합니다. 우리가 안식에 들어가기 위해서는 믿고 순종해야 하는 까닭입니다.

> 그러므로 우리는 두려워할지니 그의 안식에 들어갈 약속이 남아 있을지라도 너희 중에는 혹 이르지 못할 자가 있을까 함이라 그들과 같이 우리도 복음 전함을 받은 자이나 들은 바 그 말씀이 그들에게 유익하지 못한 것은 듣는 자가 믿음과 결부시키지 아니함이라 히 4:1-2

하나님은 안식에 대한 약속의 말씀을 주셨습니다. 구약에서 하나님은 히브리 백성들에게 가나안 땅에 대한 약속의 말씀을 주셨습니다. 하지만 히브리 백성들은 약속의 말씀을 믿지 아니함으로 그 유익을 얻지 못했습니다. 믿지 아니함은 곧 불순종을 의미했습니다(히 4:6).

출애굽 사건을 통해 믿음과 순종의 본을 보였던 사람은 여호수아와 갈렙입니다. 반면에 광야 1세대는 불신앙과 불순종의 잘못된 본을 보였던 사람들입니다. 하나님은 순종하지 아니하는 본을 경계하라고 말씀합니다(히 4:11).

안식에 들어가기 위해서는 하나님의 약속의 말씀을 믿어야 합니다. 히브리서는 말씀의 능력을 매우 강조합니다.

> 하나님의 말씀은 살아 있고 활력이 있어 좌우에 날선 어떤 검보다도 예리하여 혼과 영과 및 관절과 골수를 찔러 쪼개기까지 하며 또 마음의 생각과 뜻을 판단하나니 히 4:12

하나님이 말씀으로 천지를 창조하셨습니다(히 11:3). 예수님 자신이 곧 말씀입니다(요 1:1). 히브리서는 예수님께 초점을 맞추고 있습니다. 예수님이 누구시며, 예수님이 무슨 일을 하셨으며, 예수님이 어떻게 참된 안식을 주셨는지에 대해 초점을 맞추고 있습니다. 예수님이 얼마나 탁월하시며, 얼마나 영광스러운 분이시며, 예수님이 얼마나 사랑이 풍성하신지를 보여 주기 위해 여러 인물들을 대조하여 예수님을 선포합니다.

모세는 하나님의 집에서 종이었습니다.
예수님은 하나님의 집에서 아들이십니다.

모세는 제 1 출애굽을 통해 히브리 민족을
바로의 권세 아래서 구원했습니다.
예수님은 제 2 출애굽을 통해
우리를 마귀의 권세 아래서 구원했습니다.

모세는 율법을 받아 전해 주었습니다.
예수님은 복음을 전해 주시는 분이며, 복음의 본체이십니다.

여호수아는 이스라엘 백성들을 가나안 땅으로 인도했습니다.
예수님은 우리를 천국으로 인도해 주십니다.

여호수아는 참된 안식을 주지 못했습니다.
그는 죄의 문제를 해결해 주지 못했습니다.
예수님은 참된 안식을 주십니다.
예수님은 죄의 문제를 해결해 주십니다.

예수님은 모세가 주지 못한 것을 우리에게 주셨습니다. 예수님은 여호수아가 주지 못한 안식을 주셨습니다. 히브리서 3장에서는 모세와 예수님을 비교 대조하여 설명합니다. 또한 히브리서 4장에서는 여호수아와 예수님을 비교 대조하여 설명합니다.

안식 안으로 들어간다는 것은 예수님 안으로 들어간다는 것을 의미합니다. 왜냐하면 예수님 안에 들어갈 때 우리는 참된 안식을 누릴 수 있기 때문입니다. 예수님 안에 들어갈 때 하나님의 모든 충만과 풍성과 부요함을 함께 누릴 수 있기 때문입니다. 히브리서에서 보여 주는 예수님의 영광은 정말로 놀라웠습니다. 히브리서는 예수님의 능력과 성품을 함께 보여 줍니다. 그리함으로 예수님의 능력과 성품을 알고, 그를 믿는 자가 참으로 안식에 들어갈 수 있음을 보여 줍니다.

예수님은 천지를 창조하신 하나님이십니다

이 모든 날 마지막에는 아들을 통하여 우리에게 말씀하셨으니 이 아들을 만유의 상속자로 세우시고 또 그로 말미암아 모든 세계를 지으셨느니라 히 1:2

하나님은 아들이신 예수님을 만유의 상속자로 세우셨습니다. 또한 예수님을 통해 말씀으로 모든 세계를 지으셨습니다. 예수님은 하나님의 영광의 광채이십니다. 그 본체의 형상이십니다. 예수님은 그의 능력의 말씀으로 만물을 붙들고 계십니다.

예수님은 죄를 정결하게 하신 구속의 하나님이십니다

> 죄를 정결하게 하는 일을 하시고 높은 곳에 계신 지극히 크신 이의 우편에 앉으셨느니라 히 1:3b

히브리서 전체는 예수님이 어떻게 우리의 죄를 정결하게 하셨는지를 보여 주는 데 초점을 맞추고 있습니다. 예수님은 죄와 죽음과 마귀로 말미암아 두려워하며 안식하지 못하는 우리를 구원하기 위해 이 땅에 오셨습니다. 히브리서 2장은 예수님이 오신 목적을 잘 설명해 줍니다.

첫째, 예수님은 마귀의 세력을 멸하기 위해 오셨습니다(히 2:14). 마귀는 잠시 동안 죽음의 세력을 잡고 사람들을 괴롭히고 있습니다. 사람들은 죽음을 무서워합니다. 죽음의 노예가 되어 살아갑니다. 마귀는 그 사실을 알고 죽음을 통해 우리를 위협합니다. 죽음의 세력을 잡은 자처럼 죽음으로 사람들을 괴롭힙니다.

둘째, 예수님은 종살이하는 우리를 자유하게 하시기 위해 오셨습니다(히 2:15). 사람들은 죽음 앞에 다 벌벌 떨고 있습니다. 그래서 죽음으로 협박하면 다 종이 되어 버립니다. 예수님은 죽음 때문에 종노릇하는 우리를 마귀의 권세로부터 해방시켜 주시기 위해 오셨습니다. 즉 예수님은 죄와 죽음과 마귀의 포로가 된 우리를 자유하게 하시기 위해 오셨습니다.

셋째, 마지막으로 예수님은 우리의 죄를 속량하시기 위해 오셨습니다(히 2:17). 죄의 삯은 사망입니다. 그런 까닭에 죄를 지은 사람들은 사망 앞에 두려워합니다. 죄와 사망을 빌미로 삼아 괴롭히는 우리의 원수는 사탄입니다. 마귀입니다. 예수님은 우리로 하여금 안식하지 못하게 만드는 근본 원인을 제거해 주심으로 우리에게 안식을 주십니다.

그것은 죄입니다. 죄 때문에 사망이 왔습니다. 죄 때문에 마귀의 종살이를 하게 되었습니다. 그런 까닭에 우리는 죄 문제만 해결되면 죽음의 문제는 자연스럽게 해결됩니다. 마귀의 문제도 해결됩니다. 마귀는 죄가 있는 곳에 역사합니다. 죽음이 있는 곳에 역사합니다. 죄가 없고 죽음이 없으면 더 이상 힘을 쓸 수가 없습니다. 독이 빠져 버린 독사와 같이 됩니다.

예수님은 죄의 문제를 해결해 주실 뿐만 아니라 영생을 선물로 주셨습니다. 예수님은 십자가의 죽으심과 부활을 통해 죽음의 문제를 해결해 주셨습니다. 또한 예수님은 십자가에서 마귀의 일을 멸하시고, 그의 머리를 치심으로 마귀의 문제를 해결해 주셨습니다. 우리를 흑암의 권세에서 건져 내사 사랑의 아들의 나라로 옮겨 주신 것입니다.

> 그가 우리를 흑암의 권세에서 건져 내사 그의 사랑의 아들의 나라로 옮기셨으니 그 아들 안에서 우리가 속량 곧 죄 사함을 얻었도다 골 1:13-14

예수님은 긍휼이 풍성하신 대제사장이십니다

제사장에게 가장 중요한 자질은 긍휼입니다. 불쌍히 여기는 마음입니다. 제사장은 하나님과 백성 사이에 선 중보자입니다. 죄를 지은 백성들을 위해 속죄제사를 드리는 사람입니다. 하나님의 백성들을 가슴에 품고, 또한 그들을 어깨에 메고 중보기도를 하는 사람입니다. 죄인의 죄를 속죄하기 위한 속죄제사를 드리고, 하나님의 백성들에게 복을 빌어 주는 역할을 하는 사람이 제사장입니다. 예수님이 어떻게 우리의 대제사장이 되실 수 있는지에 대해 히브리서를 기록한 성경기자는 잘 설명해 주고 있습니다.

첫째, 예수님은 긍휼이 풍성하신 대제사장이십니다(히 4:15). 예수님은 우리의 연약함을 동정하시는 분입니다. 우리와 같이 시험을 받으셨지만 죄를 짓지 않으셨습니다. 죄인은 죄인의 죄를 대속할 수 없습니다. 죄 없는 자만이 죄인의 죄를 대속할 수 있습니다. 예수님은 죄가 없으신 분입니다. 그런데 우리의 죄를 대신 담당하시고 십자가에 죽으신 것입니다. 예수님은 긍휼이 풍성하신 분입니다. 그런 까닭에 우리는 긍휼하심을 받으러 은혜의 보좌 앞에 나아가는 것입니다.

그러므로 우리는 긍휼하심을 받고 때를 따라 돕는 은혜를 얻기 위하여 은혜의 보좌 앞에 담대히 나아갈 것이니라 히 4:16

예수님 안에는 긍휼과 은혜가 풍성합니다. 긍휼이 있는 분만이 긍휼을 베풀 수 있습니다. 은혜가 풍성한 분만이 은혜를 베풀 수 있습니다.

둘째, 예수님은 친히 희생제물이 되심으로 죄를 없이해 주셨습니다. 구약의 제사장들은 짐승을 희생제물로 드림으로 백성들의 죄를 속량했습니다. 그런데 예수님은 친히 자신의 몸을 희생제물로 드림으로 우리의 죄를 속량하셨습니다. 구약의 제사장들은 짐승의 피를 통해 죄를 잠시 덮었습니다. 죄를 덮음으로 용서를 받았습니다. 하지만 죄를 없이하지는 못했습니다. 짐승의 피로는 죄를 덮을 수는 있지만 죄를 없이할 수는 없었습니다. 그런 까닭에 제사장들은 늘 서서 일했습니다. 그들은 앉지 못했습니다. 그들은 죄 용서 받는 일에 참여했지만 죄를 없이할 수 없는 까닭에 늘 서서 일하고 앉을 수가 없었습니다. 이것은 아주 중요한 영적 의미를 부여해 줍니다.

제사장마다 매일 서서 섬기며 자주 같은 제사를 드리되 이 제사는 언제나 죄를 없게 하지 못하거니와 히 10:11

제사를 드리지만 죄를 없이할 수 없기에 자주 같은 제사를 드렸습니다. 또한 서서 섬겼습니다. 반면에 예수님은 그의 피로 우리의 죄를 용서하실 뿐 아니라 우리의 죄를 없이해 주셨습니다. 그런 까닭에 하나님 우편에 앉아 안식하게 되신 것입니다.

> 염소와 송아지의 피로 하지 아니하고 오직 자기의 피로 영원한 속죄를 이루사 단번에 성소에 들어가셨느니라 히 9:12
>
> 오직 그리스도는 죄를 위하여 한 영원한 제사를 드리시고 하나님 우편에 앉으사 히 10:12

예수님은 그의 피로 우리 죄를 용서하실 뿐만 아니라 우리 죄를 없애 주셨습니다. 우리의 모든 죄 문서를 십자가에서 도말해 주신 것입니다.

> 그가 우리 죄를 없애려고 나타나신 것을 너희가 아나니 그에게는 죄가 없느니라 요일 3:5
>
> 또 범죄와 육체의 무할례로 죽었던 너희를 하나님이 그와 함께 살리시고 우리의 모든 죄를 사하시고 우리를 거스르고 불리하게 하는 법조문으로 쓴 증서를 지우시고 제하여 버리사 십자가에 못 박으시고 골 2:13-14

예수님은 우리의 죄를 정결하게 하시고, 우리의 죄를 도말하신 후에 하나님 보좌 우편에 앉으심으로 구속의 안식에 들어가셨습니다. 그리함으로 예수님은 창조의 안식과 구속의 안식의 주인이 되시는 것입니다. 히브리서는 예수님이 앉으셨다는 것을 강조하여 기록하고 있습니다.

> 죄를 정결하게 하는 일을 하시고 높은 곳에 계신 지극히 크신 이의 우편에 앉으셨느니라 히 1:3b
> 하나님 우편에 앉으사 히 10:12
> 하나님 보좌 우편에 앉으셨느니라 히 12:2

우리는 예수님의 성품과 예수님이 하신 일을 믿음으로 안식에 들어갈 수 있습니다. 예수님은 참으로 우리가 의지할 수 있는 분입니다. 참으로 신뢰할 수 있는 분입니다. 우리의 모든 것을 맡길 수 있는 분입니다.

안식을 주시는 예수님의 은혜

안식은 선물입니다. 안식은 은혜의 선물입니다. 하지만 안식은 그냥 주어지는 것이 아닙니다. 누군가의 희생을 통해 주어집니다.

자녀가 안식을 누리기 위해서는 부모의 희생이 필요합니다.

안식의 배후에는 아름다운 사랑의 이야기가 있습니다.

예수님은 우리에게 안식을 제공해 주시기 위해 십자가에서 죽으셨습니다. 고난을 받으셨습니다. 예수님의 살과 피를 우리에게 참된 양식과 참된 음료로 제공해 주셨습니다(요 6:53-55). 예수님은 결코 우리를 버리지 않으시고, 떠나지 않으십니다. 예수님은 우리를 도와주시는 주님입니다.

> 내가 결코 너희를 버리지 아니하고 너희를 떠나지 아니하리라
> 히 13:5

예수님의 사랑은 한결같습니다. 그 한결같은 사랑으로 인해 우리는 안식할 수 있습니다(히 13:8). 예수님은 우리를 대신해서 고난을 받으셨습니다(히 2:18; 13:12). 우리는 예수님의 아름다운 성품 안에서 안식할 수 있습니다. 우리의 죄를 아시고도 우리를 사랑하시고, 우리를 품어 주신 아름다운 성품 안에서 안식할 수 있습니다. 우리를 신부 삼아서 우리를 아름답게 만들어 가시는 성품 안에서 안식할 수 있습니다. 끝없이 용서하시고, 끝없이 보호해 주시는 그 사랑 안에서 안식할 수 있습니다. 우리는 가끔 예수님을

닮은 성품을 가진 사람들을 만납니다. 우리는 그런 분을 만나면 안식의 기쁨을 누리게 됩니다.

미우라 아야코의 이야기는 언제 들어도 감동적입니다. 유명한 일본의 기독교 여류작가인 그녀는 13년 동안 척추결핵을 앓았습니다. 그녀는 미우라 미쓰요(三浦光世)라는 사람을 만나 결혼하기 전까지 몇 명의 남자를 사귀었습니다. 두 명의 남자와 약혼한 경험도 있었습니다. 또 마에가와 다다시(前川正)라는 의학도와 깊은 사랑에 빠지기도 했습니다. 그는 훌륭한 그리스도인이었습니다. 미우라 아야코를 예수님께 인도한 사람이기도 합니다. 하지만 그는 수술을 받은 후 후유증으로 죽고 맙니다.

그녀가 사랑하던 사람을 잃고 절망 속에 살아갈 때 미우라 미쓰요가 등장합니다. 미우라 미쓰요가 처음 아야코의 병실을 찾았을 때 그녀는 너무 놀랐습니다. 왜냐하면 그녀가 사랑했던 마에가와 다다시를 너무 닮았기 때문입니다. 외모뿐만 아니라 그의 신앙과 인격이 닮았던 것입니다. 처음 병실을 방문했던 미우라에게 아야코는 성경을 읽어 달라고 부탁했습니다. 그가 읽어 준 성경은 요한복음 14장이었고, 그가 불러 준 찬송은 "내 주를 가까이하게 함은"이라는 찬송이었습니다.

거듭되는 병문안을 통해 두 사람의 사이는 깊어졌지만 아야코는 결혼할 수 있는 몸이 아니었습니다. 미우라는 아야코를 만날 때마다 "반드시 낫습니다"라는 확신을 심어 주었습니다. 미우라는 이전에 아야코를 사랑했던 마에가와 다다시의 사랑을 계승해서 사랑하겠다고 약속했습니다. 그리고 아야코가 사랑했던 남자의 사진을 호주머니에 담고 다녔습니다. 미우라는 정말 대단한 성품을 가진 사람이었습니다.

> 미우라가 처음 나를 찾아왔을 때 나는 머리맡에 마에가와 다다시의 사진과 유골을 논 채 누워 있었던 것이다. 미우라는 내가 얼마나 다다시를 깊이 사랑하고 다다시도 또한 내게 얼마나 진실하였던가를 잘 알고서 나와의 결혼을 결심한 사람이다.
> 그런 뒤로 미우라는 늘 마에가와의 사진을 자기 호주머니에 넣고 다니면서 "일생이 걸려도 좋으니 마에가와와 같은 진실한 사람이 되고 싶다"고 말할 정도로 그를 존경했다.
> 미우라는 나와 결혼하기 전부터 마에가와 댁을 방문하기도 했고 다다시의 어머니에게 위로의 편지를 보내기도 했다.[4]

미우라 미쓰요가 어떤 성품인가를 더욱 잘 보여 주는 사건이 있습니다. 아야코가 그가 아끼는 양복을 세탁소에 맡겼는데, 그 양복을 세탁소 직원이 도둑질해 간 것입니다. 그 사실을 알게 된 아야코와 남편 미우라 미쓰요의 대화가 큰 감동을 줍니다.

---

4 미우라 아야코, 《사랑은 두려워하지 않는다》, 남성, 1988, 39쪽.

"여보, 미안해요. 세탁소에 보낸 양복이 도둑맞았대요."
"그래, 어떻게?"
뜻밖에도 침착한 표정이었다.
"글쎄, 점원이 훔쳐 달아났대요."
"으음, 그럼 세탁소 주인이 곤란해 하겠는데."
예상과 달리 미우라는 별로 낙심한 것 같지 않았다. 반대로 세탁소 주인을 동정까지 하고 있었다. 일이 이렇게 되자, 우스운 노릇이지만 미우라가 화를 내지 않는 것이 나는 마땅치 않았다.
"곤란한 것은 세탁소 주인이 아니라 우리예요, 여보. 나는 변상하라고 했어요. 그런 좋은 양복을 잃고 가만히 있을 수는 없잖아요." …
"아야코, 바보처럼 그렇게 따지는 게 아냐. 말없이 용서해 주어야 해."
"뭐라고요? 말없이 용서해 주라고요? 변상받지 않고요?"
"아야코, 변상이니 뭐니 해서 무리한 요구를 하면 안 돼요. 상대는 작은 세탁소잖아. 변상하려면 아마 한 달은 굶어야 할런지도 모르잖아."
관용에도 정도가 있는 것이라고 나는 거꾸로 미우라에게 화를 냈다.
"아야코, 아야코는 성경을 읽고 있어?"
"네, 읽고 있어요."
"성경에 뭐라고 써 있지? 용서하라고 써 있지 않아. 내 말 좀 들어봐, 아야코. 용서한다는 것은 상대가 과실을 범했을 때가 아니면 할 수 없는 것이야. 아무 과실도 없다면 어떻게 용서해 줄 수 있겠어. 그러니 용서하는 거예요. 변상이니 뭐니 하는 게 아니에요."
말을 듣고 보니 할 말이 없다. 과연 그렇다고 생각했다. 상대가 과실을 범할 때가 아니면 용서할 수 없는 것이다. … 하나님은 얼마나 고마운 남자를 나의 남편으로 주신 것인가! …

지난 날 나는 마에가와 다다시와 진실한 사랑도 했고, 또 무책임한 이성 교제도 수없이 있었다. 그러나 그 모든 것을 알고도 미우라 나와 결혼해 주었다. 아니, 그것을 알았기에 그는 나와 결혼했다고 할 수 있다.

그는 나의 과거를 모두 받아들인 것처럼 앞으로 내가 어떻게 살아간다 해도 그것을 용서하고 용서함으로써 나를 올바르게 인도해 줄 것이 틀림없다. 결혼이란 서로가 용서하는 것이라고 새삼스럽게 나는 깊이 생각했다.[5]

미우라 미쓰요는 예수님을 닮은 사람이었습니다. 미우라 아야코는 예수님을 닮은 남편의 성품 안에서 안식했습니다. 안식 안에 들어가 그 안식을 누렸습니다. 우리는 예수님의 아름다운 성품과 그 은혜 안에서 안식할 수 있습니다. 예수님의 약속의 말씀을 믿고 그 안식 안으로 들어가십시오. 그 은혜 안으로 들어가십시오. 그리고 안식을 누리십시오.

---

5 미우라 아야코, 앞의 책, 67-68쪽.

> 또한 그로 말미암아 우리가 믿음으로 서 있는 이 은혜에 들어감을 얻었으며 하나님의 영광을 바라고 즐거워하느니라 **롬 5:2**

우리에게 안식을 주는 것은 예수님의 은혜입니다. 은혜가 안식을 줍니다. 그런 까닭에 히브리서는 은혜로 결론을 맺습니다.

> **은혜가 너희 모든 사람에게 있을지어다** 히 13:25

우리에게 참된 안식을 주시는 분은 예수님입니다. 예수님이 창조의 안식과 구속의 안식의 주인이 되십니다. 우리는 이 땅에 영원히 살지 않습니다. 이 세상 나라는 흔들리는 나라입니다. 하지만 하나님의 도성, 영원한 안식처, 천국은 흔들리지 않습니다. 그래서 안식할 수 있습니다. 그렇지만 천국의 안식을 지금 경험할 수 있습니다. 왜냐하면 예수님이 계신 곳이 곧 천국이기 때문입니다.

우리 마음에 예수님을 영접하고, 예수님의 통치를 받으면 우리는 안식 안으로 들어갈 수 있습니다. 날마다 예수님의 안식 안에서 살 수 있습니다. 다른 길은 없습니다. 오직 예수님만이 안식에 이르는 길이 되십니다. 예수님 안에서 늘 풍성한 안식을 누리기를 바랍니다.